Lutas e auroras

FUNDAÇÃO EDITORA DA UNESP

Presidente do Conselho Curador
Mário Sérgio Vasconcelos

Diretor-Presidente
Jézio Hernani Bomfim Gutierre

Superintendente Administrativo e Financeiro
William de Souza Agostinho

Conselho Editorial Acadêmico
Danilo Rothberg
João Luís Cardoso Tápias Ceccantini
Luiz Fernando Ayerbe
Marcelo Takeshi Yamashita
Maria Cristina Pereira Lima
Milton Terumitsu Sogabe
Newton La Scala Júnior
Pedro Angelo Pagni
Renata Junqueira de Souza
Rosa Maria Feiteiro Cavalari

Editores-Adjuntos
Anderson Nobara
Leandro Rodrigues

Luiz Roncari

Lutas e auroras
Os avessos do
Grande sertão: veredas

© 2018 Editora Unesp

Direitos de publicação reservados à:

Fundação Editora da UNESP (FEU)
Praça da Sé, 108
01001-900 – São Paulo – SP
Tel.: (0xx11) 3242-7171
Fax: (0xx11) 3242-7172
www.editoraunesp.com.br
www.livrariaunesp.com.br
feu@editora.unesp.br

Dados Internacionais de Catalogação na Publicação (CIP)
de acordo com ISBD

R769l

Roncari, Luiz
   Lutas e auroras: os avessos do *Grande sertão: veredas* / Luiz Roncari. São Paulo: Editora Unesp, 2018.

   Inclui bibliografia.
   ISBN: 978-85-393-0731-9

   1. Literatura brasileira. 2. Crítica literária. 3. Rosa, João Guimarães, 1908-1967. I. Título.

2018-464   CDD 869.909
                            CDU 821.134.3(81).09

Elaborado por Odilio Hilario Moreira Junior - CRB-8/9949

Índice para catálogo sistemático:
1. Literatura brasileira: Crítica 869.909
2. Literatura brasileira: Crítica 821.134.3(81).09

Editora afiliada:

Asociación de Editoriales Universitarias
de América Latina y el Caribe

Associação Brasileira de
Editoras Universitárias

À memória
de meus pais

Luis Daniel Roncari, filho de imigrantes italianos, golondrinas,
como eram chamados na Argentina
e
Alzira de Aguirra Teixeira Roncari, filha de antigos da terra, do
sítio Santa Izolina, nas Araras

Cada um me deu uma alma, para me formar e muito recordá-los

Agradeço imensamente à minha mulher, Denise, e à minha filha, Naomi, pelo apoio que me deram e pela paciência que tiveram comigo durante a elaboração deste livro.

Sou muito grato também ao CNPq, pela bolsa de Produtividade em Pesquisa; sem ela, não teria tido muitos dos recursos para a sua realização.

E sempre, sou grato ao DLCV, da FFLCH/USP, e à Área de Literatura Brasileira, que me forneceram todo o apoio institucional nesses anos.

O processo segundo o qual foi concebida a forma interna do romance é a peregrinação do indivíduo problemático rumo a si mesmo, o caminho desde o opaco cativeiro na realidade simplesmente existente, em si heterogênea e vazia de sentido para o indivíduo, rumo ao autoconhecimento.

A imanência do sentido exigida pela forma é realizada pela sua experiência de que esse mero vislumbre do sentido é o máximo que a vida tem para dar, a única coisa digna do investimento de toda uma vida, a única coisa pela qual essa luta vale a pena.

Georg Lukács, *A teoria do romance*

[...] um acontecimento tem de ser mais que uma ocorrência singular. Recebe sua definição de sua contribuição para o desenvolvimento da intriga. Uma história, por outro lado, tem de ser mais que uma enumeração de acontecimentos numa ordem serial, tem de organizá-los numa totalidade inteligível, de modo tal que se possa sempre perguntar qual é o "tema" da história. Em suma, a composição da intriga é a operação que tira de uma simples sucessão uma configuração.

[...] o ato de composição da intriga combina em proporções variáveis duas dimensões temporais, uma cronológica, outra não cronológica. A primeira constitui a dimensão episódica da narrativa: caracteriza a história como feita de acontecimentos. A segunda é a dimensão configurante propriamente dita, graças à qual a intriga transforma os acontecimentos em história. Esse ato configurante consiste em "tomar juntamente" as ações particulares ou o que chamamos os incidentes da história; dessa diversidade de acontecimentos, ele tira a unidade de uma totalidade temporal.

Paul Ricoeur, *Tempo e narrativa*

Sumário

Introdução revisiva   13

1   Na Fazenda dos Tucanos: Entre o ser e o não-ser, no meio o poder   35
2   Entre o pacto e a nova aliança: O arcaico e o moderno, os malabarismos do *eu*   55
3   Urutu-Branco: Além do poder do sertão, o progresso na fazenda Barbaranha   83
4   A segunda travessia do Sussuarão: Deriva e regresso   103
5   Batalhas: A natureza dúbia do chefe   123

Epílogo – Luto e auroras   153
Referências   169

Introdução revisiva[1]

Outro e continuação

Este livro, de certo modo, continua e pressupõe minha obra anterior: *O Brasil de Rosa: o amor e o poder* (Roncari, 2004). Porém, ele também se constitui num trabalho autônomo, que pode ser lido sem passar por aquele – as razões da duplicidade serão expostas nesta Introdução. Muitos dos temas aqui tratados já foram naquele pelo menos esboçados ou simplesmente tocados, todavia eram mais vislumbres ou só percepções. Ainda não me dava conta inteiramente de suas importâncias, por isso não os desenvolvi, o que só pude fazer agora. O primeiro livro foi assim ainda exploratório, no qual procurava entender do que de fato João Guimarães Rosa falava e o que dizia de cada tema, como afirmei na sua "Introdução": de que assuntos tratava e o que nos dizia de cada um deles. No aspecto formal, foi também uma tentativa de reunir e compor a figura que um número enorme de traços confusos só me sugeriam: como o *disegno interno* de sustentação da arquitetura do romance, na forma do trapézio, com todas as suas significações. O desafio

---

1 Os capítulos deste livro foram expostos pela primeira vez no curso de pós-graduação sobre o *Grande Sertão: Veredas,* que ministrei na área de Literatura Brasileira, da Faculdade de Filosofia, Letras e Ciências Humanas (FFLCH) da Universidade de São Paulo (USP), no segundo semestre de 2016.

agora era o de redesenhá-lo e deixar entrever também no fundo, como as rasuras de um palimpsesto, aquela circularidade repetitiva do *infinito*, que reproduz o perfil do uróboro, muito presente na iconografia de Poty das suas primeiras edições. Entretanto, ao contrário de outras novelas do autor, não se impunha aqui o mito do *eterno retorno*.[2] Tudo se realizava agora na sua contrapartida, na *Travessia*, a aventura de um herói, Riobaldo, não seria forçado dizer, na história, num espaço e tempo definidos, ainda que a indefinição fosse uma das características do sertão. Da *Guararavacã do Guaicuí* à Caixeirópolis, do nome mítico-tradicional indígena ao moderno-comercial do mesmo lugar, houve entre um e outro um trânsito no tempo. É o que tentarei mostrar neste estudo.[3]

Depois de muitas releituras e reflexões sobre o romance, penso ter encontrado nele pelo menos um modo melhor de entrada e, principalmente, também de saída interpretativa, sem me perder na cipoeira de seu emaranhado verbal. Para isso, fui obrigado a fazer uma grande paráfrase, de modo que este livro se constitui também numa *leitura* do *Grande Sertão: Veredas* ou uma introdução à ela. A imagem que me vem do livro é essa mesma, de uma *selva oscura*, em cuja galharia poderia facilmente me enroscar e me desviar da *diritta via*. E penso que muito disso se deva a uma estratégia pensada do autor, sertanejo matreiro, que não tinha nenhuma intenção de facilitar ao leitor a sua melhor compreensão. Talvez seja essa também uma das razões de nos tentar convencer do contrário, desde o seu primeiro livro, *Sagarana*, de que escrevia numa espécie de transe, como numa possessão, o que equivaleria a afirmar certa inconsciência e espontaneidade no que fazia. Eu penso o contrário, sobre o que discorrerei mais adiante.[4] Para mim, ele seleciona o seu *leitor* entre aqueles que não se contentam com as camadas superficiais e mais aparentes do texto, sejam elas linguísticas, estilísticas ou temáticas. Para ultrapassá-las, o escolhido deve apelar para a perspicácia e a inteligência, a *mens, mentis*, no sentido aristotélico do termo, e dispor de todo o tempo e a paciência para perceber e decifrar as pegadas que podem levá-lo ao oculto ou profundo do que tinha por *representar* (v. em especial a nota 3 do "Capítulo 1").

---

2 V. meu estudo sobre a novela "Buriti", de *Corpo de Baile* (Roncari, 2013).

3 Na verdade, a partir de uma perspectiva distinta da de Benedito Nunes (2013, p.254), que via a narrativa desembocar na metafísica do mito: "O Grande romance de Rosa é a relação da viagem, transunto da aventura humana, realizada como travessia do sertão, de vereda em vereda. Só que a travessia é uma *peregrinação* pelas veredas claro-escuras da alma, entre Deus e o Demônio, contrastantes poderes de uma sacralidade ambígua, algo assim como o Destino da tragédia grega".

4 V. os próprios depoimentos do autor, em Rosa, 1983, em especial p.328 e p.333.

Queiramos ou não, é no campo do discurso e da representação que nos relacionamos com o romance; mas, certamente, ele é também um livro de ideias sobre o homem e o mundo social e institucional em que vive. O que no campo do texto se mostra para o leitor como algo muito confuso, acredito que para o autor tudo era mais claro, apesar dos enigmas e mistérios muito presentes e levantados pela reflexividade do herói-narrador. Só isso nos permite avançar na sua escrita além de uma leitura linguístico-estilística e chegar também ao conceitual. Ele produzia uma grande obra literária, admirável pelo modo como conseguia fundir o máximo num campo mínimo, composto só de reduções e condensações, como veremos, nas palavras, nas ações das personagens e nas imagens sonora e plasticamente construídas. Porém, isso através também de uma grande prolixidade verbal e nominal, altamente expressiva, pela qual ele nos fala com precisão do mundo e da história, do homem e da vida social. É esse um pouco o milagre da escrita do autor, fundir expressividade e precisão, *mithos* e *logos*, como muito bem já observaram Cavalcanti Proença e Antonio Candido, na fala de um jagunço.[5] Sem dúvida, a literatura para ele, pelo menos nos seus quatro primeiros livros, *Sagarana*, *Corpo de baile*, *Grande sertão: veredas* e *Primeiras estórias*, não era feita só de palavras, embora passasse necessariamente por elas, era também de ideias sobre a vida do homem no mundo. Isso me obrigou a remeter o leitor muitas vezes àquele livro anterior e revisá-lo, porém, não no sentido de corrigi-lo, pois em grande parte só pude comprová-lo, mas no de mudar alguns enfoques, dar mais importância a determinadas configurações do que a outras, inverter a ordem de prioridades do que examinar: dos aspectos míticos e simbólicos, para os éticos e ontológicos, no sentido mesmo de constituição do *Ser*, e enfrentar as perguntas a que isso me remetia: o que é do *humano*, onde o sentido?

Outro método

Como já adiantei acima, tive que mudar muito a minha forma de entrada no livro. No anterior, quando as atenções da crítica se voltavam mais para afirmar a "universalidade" de Guimarães Rosa e ressaltavam as suas fontes

---

5 Foi Benedito Nunes (2013, em especial p.164) quem se deteve mais no estudo dessa relação da literatura com a filosofia na obra de Guimarães Rosa. Do meu ponto de vista, e como já observei na nota anterior, ele deu maior importância ao mítico do que ao histórico, pelo menos é no que se ateve e desenvolveu na apreciação de suas temporalidades. Veja-se, por exemplo, tb. a nota 6 do Epílogo: "Luto e auroras".

eruditas e internacionais, procurei mostrá-lo também como um grande leitor do Brasil, sem desconsiderar a sua cultura ampla e frequentadora da literatura "universal" (como os europeus gostam de considerar as suas realizações culturais), conhecedor que era das línguas clássicas e modernas. Porém, do meu ponto de vista não era esta a dominante. Ele havia se formado aqui e se empenhado em trocar a carreira médica pela diplomática, no Itamaraty. Tornou-se portanto um membro de uma instituição muito forte e ativa do Estado brasileiro, com uma tradição e uma ideologia próprias, podemos dizer "pacifista" e "civilista". Tinha sido esta a linha impressa na instituição pelo Barão do Rio Branco, José Maria da Silva Paranhos, o Juca Paranhos, como o chamavam os colegas, de quem Guimarães era admirador e se considerava também um continuador. Ela se primava pela busca de soluções diplomáticas para as questões externas do país, em oposição às "militaristas", habituais do Exército e da Marinha. Ao contrário da imagem que passava e muitos tinham dele, nos seus escaninhos era um sujeito ativo e participante no debate intelectual de seu tempo, preocupava-se com as grandes questões vividas aqui, vindas de nosso passado colonial, expansionista e escravista, comuns ao mundo periférico, mas, ao mesmo tempo, com características também próprias. Elas poderiam ser resumidas no termo usado para os que se especializaram na preação de indígenas e ocupação de terras: *o espírito bandeirante*. Estudar as divergências e concordâncias do autor com esse espírito, é algo ainda a ser estudado pelas novas gerações.

Foi por isso que me preocupei em ressaltar as suas fontes brasileiras, com o que poderia ter lido em todos os campos, da geografia e economia à história e literatura. Concentrei-me nos autores e livros influentes em seu tempo: dos anos 20 aos anos 70 do século passado. Eles foram no conjunto os mais ricos de nossa vida intelectual, literária e artística: na poesia, no romance, na crônica, na crítica literária, na historiografia, no ensaio, na música, no teatro, na pintura, no cinema, enfim, no conhecimento e na expressão de nossa vida espiritual e social. Era portanto um tempo em que vínhamos fortes nos campos artístico e intelectual, o que nos dá a dimensão do que foi a tragédia do golpe civil-militar de 1964, que, pela truculência, interrompeu esse processo – algo semelhante poderá estar ocorrendo com o novo golpe, agora jurídico-político-midiático-financeiro, no momento em que concluo este estudo. De modo que mergulhei fundo na nossa vida inteligente desse tempo. Sem descurar, claro, do que vinha do passado e das tradições indígenas, que ele conhecia muito bem. Por isso, o método que segui no primeiro livro foi o de vir *de fora para dentro*, do contexto literário e intelectual para o seu texto, interessado em rastrear e ver o que estava subentendido e internalizado lá, para não dizer, no *subterrâneo*: identificar as suas fontes formadoras, as suas afinidades e os seus diálogos internos, implícitos em grande parte, pois Guimarães Rosa explicitava pouco as suas influências e as citava menos ainda. Todavia, aproveitava-se de muitos, seja para recusar, o que não deveria seguir ou assimilar, seja para incorporar, os tornar seus e os dissolver no caldo de sua escrita.

Neste livro, inverti o método, vim *de dentro para fora*, do texto para o contexto, porém, na maior parte das vezes, prendi-me inteiramente ao que estava escrito. Busquei uma leitura aderente que me levasse aos meandros e avessos de sua vida interna, quase sem me afastar do manifesto pelo autor. Por isso trouxe muito as palavras dele para a minha leitura, citei-o sempre, pois ele deveria ser *a base*, assim como estar nele, *a comprovação* do que eu dizia. Tentei evitar ao máximo os esquemas explicativos e as afirmações teóricas e genéricas sobre o *Grande sertão: veredas*, principalmente as colhidas em fontes mais correntes de outros contextos culturais e aplicadas para dizer alguma coisa sobre ele. Tudo o que disse neste livro parte do texto e volta a ele, com vista a tentar contribuir para uma sua melhor compreensão. Procurei não forçar nunca nem fazer Guimarães dizer o que eu gostaria que dissesse e demonstrasse as minhas hipóteses preestabelecidas. Só saí do texto para trazer do externo o que pudesse me ajudar a esclarecê-lo.

Muito se escreveu sobre Guimarães Rosa, a sua bibliografia é enorme, por isso tive que fazer uma escolha: ou examinar em profundidade o texto na minha leitura hermenêutica ou então parar para discutir com a visão de outros autores. Confesso que procurei limitar a segunda perspectiva ao mínimo, apenas àquelas referências que, pelo contraste com o meu ponto de vista ou em apoio a ele, achava que contribuiriam para uma melhor compreensão do texto e do que eu dizia. Também considerava que demorar-me na apreciação da crítica faria com que extrapolasse meu projeto e suas proporções. Além de considerar que, se derivasse para discussões paralelas, poderia obnubilar o que considerava mais importante apresentar. De modo que, para não me dispersar, detive-me mais na primeira proposta e resolvi me prender às exigências intelectivas e compreensivas do texto. Assim, se aproveitei pouco da sua rica bibliografia, foi simplesmente pela necessidade de *concentração*, o que poderá ser comprovado ao longo do livro.[6] O que me preocupava prioritariamente era

---

6 Para uma apreciação da multiplicidade de leituras do romance e os seus contrastes, remeto o leitor à mais ampla, cuidadosa e compreensiva avaliação da crítica do *Grande sertão: veredas* que conheço: Corpas, 2015.

isto: o que diziam no fundo as passagens estudadas ou estava oculto em suas camadas mais internas;[7] queria saber também como elas participavam da organização da obra, em que grau e em que medida contribuíam para o seu desenvolvimento e configuração. Para não sacrificar essa busca de compreensão, tive que deixar de lado o aproveitamento de muito já feito, inclusive para manter o caráter também *ensaístico* do trabalho. Mas, para não arrombar portas já abertas, procurei igualmente fugir do consabido, do já dado por assente sobre o romance, e fazer uma leitura mais própria das situações vividas pelo herói nas passagens selecionadas. Foi o meu propósito realizar uma leitura orgânica delas, do modo que de alguma forma se interligavam, formando uma sequência com seu desenvolvimento interno, na qual combinavam as partes com o todo: ao mesmo tempo que poderiam ter uma relativa autonomia, pertenciam também a um todo maior da travessia. Para isso, tive que me deter muito no seu elo de ligação, na figura do herói, Riobaldo, e examinar a sua formação, as suas lutas, os seus dilaceramentos e as superações, e fazer dele o centro do estudo.

Do formativo ao épico

Se no livro anterior também me detive mais nos momentos importantes para a *formação* do herói, foi porque eles se concentravam no que chamo de "primeira parte" ou "parte branca" do romance. Ela vai até o final da cena do julgamento de Zé Bebelo, no tribunal montado por Joca Ramiro, mas incorpora antecipadamente já no início do livro o que só viria a seguir: o período vivido sob o comando de Medeiro Vaz, depois da morte do antigo chefe. É nela que estão as passagens que contam o primeiro encontro de Riobaldo com o Menino de olhos verdes, Diadorim, e a travessia do São Francisco a partir do Rio-de--Janeiro; a sua estada na fazenda São Gregório, do padrinho Selorico Mendes; os estudos no Curralinho e as suas primeiras experiências amorosas; o seu trabalho como professor de Zé Bebelo, na Nhanvas, e as lutas ao lado dos soldados do governo; o primeiro encontro e conhecimento de Otacília; as batalhas sob o comando desse chefe que o herói chama de "Rei dos Gerais" e, depois, a presença dele no momento de sua agonia e morte; e a cena da montagem do

---

7 A seleção das "passagens" a serem estudadas, eu a fiz por considerá-las as mais relevantes para a compreensão do livro, e constam do programa do curso de pós-graduação que ministrei na área de Literatura Brasileira, da FFLCH/USP, no segundo semestre de 2012, com o título: "Doze passagens fora da sequência do *Grande sertão: veredas*". Nesse programa, apresentei um pequeno resumo de cada uma delas.

tribunal e o próprio julgamento de Zé Bebelo. Este último episódio considerei já suficientemente estudado no livro anterior, por isso não achei necessário voltar a falar dele. Foram esses momentos – numa sequência narrativa embaralhada –[8] importantes para a definição de Riobaldo, pelas oportunidades marcantes que viveu de tomada de consciência do outro e de si, do que era e do que não era, do que gostaria e do que poderia ser, assim como de assunção dos modelos a seguir. Seriam eles que preencheriam os seus vazios de origem e o ajudariam na escolha dos caminhos. Foram, portanto, ocasiões cruciais para a sua *formação*, como momentos de autoconsciência e definição de si, principalmente a partir de suas diferenças com o outro.

No livro atual, Riobaldo começa já praticamente formado e se concentra no que chamo de "segunda parte" ou "parte negra" do romance, que trata mais de seu momento épico, quando dominam as lutas e batalhas, mas também, o que o próprio autor denomina: as suas "auroras" – palavra um tanto recorrente nela. Assim como as lutas e batalhas estão presentes também na primeira parte, contudo, em menor intensidade, na segunda veremos que a formação do herói não era um fato inteiramente acabado, mas um processo longo, que dependeria de muitas mortes para a sua definição, como se cumprisse o que afirmara logo no começo do romance: "as pessoas não estão sempre iguais, ainda não foram terminadas – mas que elas vão sempre mudando. Afinam e desafinam" (*GSV*, 1963, p.24).[9] Será nelas então que o herói se testará, experimentará saídas e procurará a sua superação, incorporando outros valores, distintos dos dominantes e costumeiros no meio jagunço do sertão. Ele viverá nelas como situações especulares importantes de tomada de consciência desse seu não acabamento, ao mesmo tempo que da necessidade de busca de superação de si: não bastava ser a si mesmo, toma consciência de ser muito pouco, vê que tinha de ir além e ocupar o lugar dos seus outros, como ser também um homem do mando como Zé Bebelo e ter a coragem de Diadorim para se tornar o chefe; mas, ao mesmo tempo, queria-se distinto de seus outros, para ser o que então? Porém, esse movimento, a partir de determinado momento, já não era mais para ele um ato de escolha ou vontade, mas da necessidade, quase uma condenação de quem entrou no turbilhão do mundo e das lutas.

---

8 Quem se deteve muito nessa questão e procurou reconstruir a ordem narrativa do romance a partir de uma perspectiva dualista, objetiva e subjetiva, tal como sugerida por M. Cavalcanti Proença, foi José Carlos Garbuglio (2005, p.39).

9 As citações de *Grande sertão: veredas* que faço ao longo deste livro foram extraídas da edição de 1963. As páginas só foram específicas em passagens mais longas.

No Rio-de-Janeiro

Para uma boa compreensão deste volume, será necessário retomarmos algumas das passagens formativas acima mencionadas. Já tratei delas no livro anterior, mas passei por alguns aspectos muito rapidamente, pois não tinha ainda me dado conta inteiramente de suas importâncias. Um deles foi quando do primeiro encontro de Riobaldo com "o Menino", assim grafado em maiúscula, Diadorim.[10] O herói praticamente quebra a narração que fazia ao seu interlocutor sobre as suas lutas sob o comando de Medeiro Vaz, para lhe contar um caso, "Foi um fato que se deu um dia", acontecido na sua adolescência. Ele tinha uns 14 anos e Diadorim talvez um pouco menos. Esse encontro, muito comentado pela crítica e por mim mesmo pelos seus aspectos erótico-amorosos, deu-se quando ainda não se conheciam, e nele nem mencionam seus nomes. Conversam, mas não se chamam pelos nomes, só se olham. Esse é o fato também mais antigo que sabemos da vida do herói, fora uma breve reminiscência que faz do ódio que teve de um homem chamado Gramacedo, e da família Guedes, de quem ele e sua mãe talvez tenham sido agregados. Foi ela que os trouxe para a região do Rio-de-Janeiro, quando ele estava com "uns 13 ou 14 anos", no mesmo tempo, portanto, em que ocorreu o encontro. Do resto de sua infância, antes disso e da morte de sua mãe, não temos nenhuma informação. Ambos o marcaram muito e, em ocasiões diferentes, diz que partiram a sua vida em duas, a de antes e a de depois: "Ela morreu, como a minha vida mudou para uma segunda parte. Amanheci mais".

O que pretendo ressaltar, é que, pelo relato do herói narrador, foi aí que descobriu o seu *outro*, alguém que o atraiu profundamente, "eu olhava esse menino, com um prazer de companhia, como nunca por ninguém eu não tinha sentido". Mas Riobaldo reparava no que o Menino era *em tudo diferente dele*, "gostei daquelas finas feições, a voz mesma, muito leve, muito aprazível. Porque ele falava sem mudança, nem intenção, sem sobejo de esforço, fazia de

---

10 Essa passagem está em *GSV*, p.97-106 e foi de outro modo tratada por mim em Roncari, 2004, p.67-70. Ela foi também estudada num longo excurso erudito por José Carlos Garbuglio (2005, p.45). Ele é um bom exemplo de como o uso das referências cultas muitas vezes podem nos fazer perder elementos importantes do próprio texto. No caso, percebermos que esse encontro não foi apenas entre dois meninos semelhantes, mas saídos de duas camadas sociais distintas, uma de grandes proprietários rurais e outra de agregados humildes, com tudo o que isso implica no Brasil em termos de formação e de constituição do sujeito. Para mim, está nessa desigualdade o fundamento das diferenças entre os dois e das nossas leituras.

conversar uma conversinha *adulta e antiga*" (grifo meu). Era a dele um modo de ser e de se expressar de quem fora educado, além de quem trazia o aprendizado com a convivência dos mais velhos e da tradição, possivelmente familiares, "adulta e antiga". Isso levava Riobaldo a sentir vergonha de si e do que estava fazendo no lugar: "Escondido enrolei minha sacola, aí tanto, mesmo em fé de promessa, tive vergonha de estar esmolando". A diferença se dava também pela atenção do Menino pelo lugar e espaço externo onde estavam, ele nota os homens que ali trabalhavam, e pelo juízo com que os olhava, levava o herói também a reparar neles com o mesmo tipo de atenção: "Mas ele apreciava o trabalho dos homens, chamando para eles meu olhar, com um jeito de siso. Senti, modo meu de menino, que ele também se simpatizava a já comigo". Mais adiante ele falará da singularidade do companheiro: "o menino, era dessemelhante, já disse, não dava minúcia de pessoa outra nenhuma. Comparável um suave de ser, mas asseado e forte – assim se fosse um cheiro bom sem cheiro nenhum sensível – o senhor represente. As roupas mesmas não tinham nódoa nem amarrotado nenhum". Depois, Riobaldo reafirmará essa percepção de seu outro como a de um sujeito que ultrapassava o sensível, porém passando por ele, como se tivesse havido entre os dois um encontro também de almas, pela profundidade que evoca e os termos que usa: "E o menino pôs a mão na minha. Encostava e ficava fazendo parte melhor da minha pele, no profundo, desse a minhas carnes alguma coisa. Era uma mão branca, com os dedos dela delicados. – 'Você também é *animoso...*' – me disse. *Amanheci minha aurora*" (grifos meus).

Do mesmo modo que o Menino apreciava o trabalho dos homens naquele porto, como alguém que olhava também para fora de si, ele reconhecia os seres da natureza das margens do Rio-de-Janeiro e, numa atitude pedagógica, ensinava ao herói a percebê-los e nominá-los adequadamente: "Um pássaro cantou. Nhambú? E periquitos, bandos, passavam voando por cima de nós. Não me esqueci de nada, o senhor vê. Aquele menino, como eu ia poder deslembrar? Um papagaio vermelho: –'Arara fôr?' – ele me disse. E – *que-que-que?* – o araçari perguntava". Essa lição introdutória do herói na percepção e contemplação intelectual da beleza sensível, ao libertar a sua visão da confusão das coisas do mundo pelos nomes precisos de seus seres, continuará bem depois, quando já jagunços e no segundo encontro que tiveram, quando Diadorim apresenta a Riobaldo o manuelzinho-da-croa.[11]

---

11 Essa atitude pedagógica de Diadorim com relação a Riobaldo foi bem observada por Benedito Nunes (1976, p.160).

Veremos que a atração do herói pelo Menino era pelas suas qualidades e atributos, mas que lhe mostrará também, como no reflexo de um espelho, o que ele próprio não era e lhe faltava, portanto problemática. O Menino se distinguia em tudo dele, assim como das demais pessoas que conhecia, "pessoa outra nenhuma", pela suavidade de sua presença e aroma bom de um menino asseado, sem os cheiros comuns do corpo, "sem cheiro nenhum sensível". Logo ficamos sabendo que estavam naquele porto do Rio-de-Janeiro por razões também inteiramente opostas. Riobaldo estava esmolando, como promessa da mãe de arrecadar fundos para uma missa em agradecimento da cura de uma doença grave e o resto para o que deveria ser um costume da região, pôr o dinheiro "dentro duma cabaça bem tapada e breada", que se jogava no São Francisco, para descer o rio e ir se enroscar no "Santuário do Santo Senhor Bom-Jesus da Lapa". Sinal de que a crendice fazia parte também das suas misérias. Diadorim estava lá com o seu tio fazendeiro e uma comitiva com carro-de-bois. Eles tinham ido buscar sacas de arroz. Na fazenda, o tio plantava de tudo, mas naquele ano não tinha colhido dele, por isso podia ir lá comprar o que lhe faltava, o cereal que simbolizava a fortuna: o arroz, que jogamos nos recém-casados à saída da Igreja.

Diadorim não só era um menino saudável e em tudo seguro de si, como também já tinha um costume moderno e adulto, usava um chapéu de couro quase novo e fumava, por isso Riobaldo diz, "pitando cigarro. Menino mocinho". Os traços que o herói reconhecia nele eram em tudo notáveis: "era um menino bonito, claro, com testa alta e os olhos aos grandes, verdes". Enquanto o herói vestia molambos, "como eram pobres as minhas roupas, junto das dele", e era em tudo inseguro. O que ficamos sabendo ao longo do relato é alguma coisa da mãe do herói e o seu nome de guerra, "a Bigrí", que o fazia esmolar por crendice, enquanto Diadorim se orgulhava até com exagero de seu pai: "Meu pai é o homem mais valente deste mundo". E essas diferenças não se resumiam aos aspectos materiais, de riqueza, propriedade e família, um que possuía tudo e o outro nada, um que parecia ter pai demais e o outro ser só filho de mãe, mas também tinham diferenças éticas, de conduta e formação. O Menino era um sujeito acabado e estável e Riobaldo em tudo instável. Diadorim se vangloriava da coragem aprendida com o pai e a demonstrava, como no barco, na travessia do rio, quando diz ao herói, "Carece de ter coragem...", e lhe faz a pergunta inusitada, quando lhe diz que também não sabia nadar como ele: "Que é que a gente sente, quando se tem medo?!", como se fosse algo que nunca havia sentido, portanto, nem sabia o que era o medo. Assim também com o mulato que enfrentam, quando o Menino enterra fundo a quicé na sua coxa. Na prática, ele comprovava o que o pai lhe havia ensinado, quando o herói lhe perguntou se ele era valente sempre: "Meu pai disse que eu careço de ser diferente, muito diferente...". Enquanto que o herói só demonstrava insegurança e medo, tanto na travessia do rio como no episódio com o mulato. De modo que a atração do herói pelo seu contrário não o levava a rejeitá-lo, mas a querer ser igual a ele ou ser também o que ele era. Ao distinguir *o ser de seu outro* ele percebia o que lhe faltava, o que ele próprio não era, como um momento de autoconsciência. Quando Diadorim fala do que seu pai lhe havia ensinado, a ser diferente e valente como ele, o herói percebe em si uma mudança que o surpreende: "E eu não tinha medo mais. Eu? [...] eu não sentia nada. Só uma transformação, pesável". A transformação que ele vivia pelo simples fato de ter estado ao lado do Menino era a de que se mudava no seu *outro*, porém, para ele, "pesável", porque ela significaria também o abandono e a morte de si, de como ele era, do vazio deixado pela falta do pai que lhe ensinasse e fosse um modelo, e da pobreza da herança material e moral da mãe, o que tentará preencher ao longo da vida. Pouco depois, quando ela morre, ele fará um inventário da sua herança, que revela também ao extremo a sua pobre e humilde condição:

> De herdado, fiquei com aquelas miserinhas – miséria quase inocente – que não podia fazer questão: lá larguei a outros o pote, a bacia, as esteiras, panela, chocolateira, uma caçarola bicuda e um alguidar; somente peguei minha rede, uma imagem de santo de pau, um caneco-de-asa pintado de flores, uma fivela grande com ornados, um cobertor de baeta e minha muda de roupa. Puseram para mim tudo em trouxa, como coube na metade dum saco. (*GSV*, 1963, p.106-7)

Esse encontro, significativo para o herói, pela importância que teve sobre o seu destino, deixou-lhe também muitas dúvidas e perguntas, que enfrentará ao longo da vida.

Na São Gregório, no Curralinho, na Nhanvas: acasos

Depois desse *acaso* do encontro com o Menino, ele repete ao seu interlocutor, por duas vezes, como se fosse a pergunta essencial, "a pergunta que se pergunta": "Por que foi que eu conheci aquele Menino?". Um acaso, mas que teve um grande peso em seu destino. Na sequência, ele narrará uma série de descobertas e outros acasos, que igualmente decidirão muito sobre a sua vida. Um primeiro, foi para onde o levaram, depois da morte da mãe, para a fazenda do seu padrinho Selorico Mendes, a São Gregório, e ele o resume como um sujeito "rico e somítico". Riobaldo logo descobre que o padrinho não passava de um sujeito além de miserável, "somítico", fraco e prosa. Ele era admirador daqueles homens truculentos e autoritários, os chamados "mandões do sertão", que viviam em confronto constante com as forças do Estado que tentavam contê-los. Como eram homens opostos ao que ele era, "muito medroso", ele se realizava contando os casos correntes sobre eles, assim ele "gostava de conversar, contava casos". E eram justamente aqueles que falavam das "Altas artes de jagunços – isso ele amava constante – histórias". O "histórias" aqui vem no sentido de prosa e fanfarronice. O afilhado o descreve como um sujeito nostálgico do poder de mando e desmando que tinham os grandes proprietários, o oposto do que era o padrinho então, ele dizia de si "sou homem particular". Enquanto o que interessava àqueles era a afirmação de seus poderes de mando, que ele chamava de "política", mas que no sertão se traduzia pela busca crescente do poder privado e do mando pessoal e familiar, o que o padrinho aprovava inteiramente, embora não tivesse a coragem de participar dela:

> – "Ah, a vida vera é outra, do *cidadão do sertão*. Política! Tudo política, e potentes chefias. A pena, que aqui já é terra avinda concorde, roncice de paz, e sou homem particular. Mas adiante, por aí arriba, ainda fazendeiro graúdo se *reina mandador* – todos donos de agregados valentes, turmas de cabras no trabuco e na carabina escopetada! [...] cada lugar é só de um grande senhor, com sua família geral, seus jagunços mil, ordeiros: ver São Francisco da Arrelia, Januária, Carinhanha, Urubu, Pilão Arcado, Chique-Chique e Sento-Sé. (*GSV*, p.107-8, grifos meus)

Ele mesmo diz que seu padrinho Selorico Mendes, além de medroso, era muito prosa, "goga", garganta, e que contava que em outros tempos tinha sido valente, "se gabava, goga". O que o padrinho pretendia de certo modo era fazê-lo ser o que ele próprio não era, por isso queria "que eu aprendesse a atirar bem, e manejar porrete e faca". De modo que, o que ocorria com ele, vivendo com o padrinho, era o oposto do que tinha se passado com Diadorim, o qual havia aprendido a valentia com um pai valente. Quando Selorico Mendes lhe mostrou um papel com a escrita do Neco, um daqueles homens truculentos de sua admiração, e descobre que o afilhado não sabia ler, tomou a decisão de mandá-lo à escola. Possivelmente, mais para que ele pudesse conhecer o que o engrandecia, ler a carta do compadre Neco como prova das suas relações, do que para o seu próprio benefício: "Então meu padrinho teve uma decisão: me enviou para o Curralinho, para ter escola e morar em casa de um amigo dele,

Nhô Marôto". O que o hospedeiro descobre agora é a sua inaptidão para os ofícios e dá ao herói o melhor conselho que se poderia dar para aqueles que pretendiam ganhar a vida sem muito esforço no país: "– 'Baldo, você carecia mesmo de estudar e tirar carta-de-doutor, porque para cuidar do trivial você jeito não tem. Você não é habilidoso". Isso o inquietou e ele foi se aconselhar junto ao mestre-escola: "Mestre Lucas [...] era homem de tão justa regra, e de tão visível correto parecer, que não poupava ninguém: às vezes teve dia de dar em todos os meninos com a palmatória". O mestre lhe confirmou o diagnóstico, porém encontrava nele também outras qualidades e diz: "– 'É certo. Mas o mais certo de tudo é que um professor de mão cheia você dava...'"

Foi na sua volta do Curralinho para a fazenda São Gregório, que se deu um outro acaso, dos mais marcantes de sua vida, "grande fato se deu, que ao senhor não escondo". Foi o seu primeiro encontro com Joca Ramiro, sem que o herói soubesse ainda quem ele era. Do ponto de vista literário, esta é uma passagem carregada de representações plásticas, verdadeiros *tableaux vivants*, como poucos produzidos pelo autor. Um primeiro é o retrato do grande chefe jagunço e a circunstância na qual o herói-narrador o aprecia assustado e o descreve. Isto se deu numa alta noite fria e sem Lua, "má lua, o frio friava", quando entra na casa um grupo de guerreiros armados. Na sala, a escuridão só era quebrada pela luz de uma lamparina que o padrinho carregava. Ele vinha acompanhado e cortejando os comandantes jagunços. A descrição que o herói faz deles, das mais expressivas do livro, se dá num cenário onde o único foco de luz, o da lamparina, os projetava na parede. O que mais se destacava era Joca Ramiro, imponente, com o chapelão, o capote e as armas, visto de baixo para cima, que o foco de luz parecia ampliar e reproduzir o olhar e a admiração do padrinho. É aí que ele nos dá o retrato de sua figura grandiosa, como o chefe deles, "homem gentil"; expressão que sugeria vir ele da linhagem dos *gentilhomme*, os da nobreza de extração. Junto àquelas representações vem também a sua explicação político-sociológica:

[...] meu padrinho Selorico Mendes, com a lamparina na mão, já estava pondo para dentro da sala uns homens, que eram seis, todos de chapéu-grande e trajados de capotes e capas, arrastavam esporas. Ali entraram com uma aragem que me deu susto de possível reboldosa. Admirei: tantas armas. Mas eles não eram caçadores. Ao que farejei: pé de guerra. [...] Alarico Totõe sendo um fazendeiro do Grão-Mogol, conhecido do meu padrinho. Ele, com seu irmão, Aluiz Totõe, pessoas finas, gente de bem. Tinham encomendado o auxílio amigo dos jagunços, por uma questão política, logo entendi. Meu padrinho escutava, aprovando com a cabeça. Mas para quem ele sempre estava olhando, com uma admiração toda perturbosa, era para o chefe dos jagunços principal. E o senhor sabe quem era esse? Joca Ramiro! Só de ouvir o nome, eu parei, na maior suspensão.

Adrede Joca Ramiro estava de braços cruzados, o chapéu dele se desabava muito largo. Dele, até a sombra, que a lamparina arriava na parede, se trespunha diversa, na imponência, pojava volume. E vi que era um homem bonito, caprichado em tudo. Vi que era homem gentil. (*GSV*, p.111-2)

Joca Ramiro tinha de cada lado "dois jagunções", o Ricardão e o Hermógenes, e será neste que o herói-narrador se deterá, sobre a sua figura animalesca, composta de formas de coisas e bichos, justamente para contrastá-lo com a elevada do grande chefe. Esse quadro grotesco será dado em duas partes, que reunificarei aqui; a segunda referência ao Hermógenes se deterá mais na sua voz, como expressão de uma alma que se harmonizava pelo grotesco com o seu corpo e servirá para um segundo contraste, agora com o canto sublime da canção de Siruiz, a qual o herói ouve pela primeira vez e que, segundo ele, "molhou a minha ideia". A função desses contrastes será antes de tudo a de ressaltar as duas outras figuras, as de Joca Ramiro e Siruiz:

Hermógenes – homem sem anjo da guarda. Na hora, não notei de uma vez. Pouco, pouco, fui receando. O Hermógenes: ele estava de costas, mas umas costas desconformes, a cacunda amontoava, com o chapéu raso em cima, mas chapéu redondo de couro, que se uma cabaça na cabeça. Aquele homem se arrepanhava de não ter pescoço. As calças dele como que se enrugavam demais da conta, enfolipavam em dobrados. As pernas, muito abertas; mas, quando ele caminhou uns passos, se arrastava – me pareceu – que nem queria levantar os pés do chão. (*GSV*, p.112)

Um pouco adiante, ele usa o mesmo Hermógenes para contrastar o grotesco de sua voz com a sublimidade da de Siruiz, que vem logo a seguir:

O Hermógenes tinha voz que não era fanhosa nem rouca, mas assim desgovernada desigual, voz que se safava. Assim – fantasia de dizer – o ser de uma irara, com seu cheiro fedorento. – "Aoh, uê, alguém, irmão? aquele sié-Marques perguntou, tratando de minha pessoa. – "De paz, mano velho. Amigo que veio mostrar à gente o arrancho..." – o Hermógenes contestou. Deu ainda um barulho de boca e goela, qual um rosno. (*GSV*, p.114; ver Roncari, 2004, p.76.)

A figura animalesca na aparência, como a de um caranguejo, e a voz, "um rosno", contrastam em tudo com a sublimidade do canto de Siruiz, a começar pelo mote trovadoresco, quando lhe pedem que cante: "Siruiz, cadê a moça virgem?". Ouvir essa canção foi outro acaso que será sempre lembrado e o acompanhará ao longo da narrativa.[12]

O mais extenso desses quadros será na verdade uma "gravura viva", pelo fato de se passar na penumbra da noite. É a do grupo de jagunços de Joca Ramiro, estacionado num lugar ermo, e o herói é mandado a ir ao seu encontro. Os perfis dos cavaleiros vão se revelando aos poucos, hachurados nos seus leves contornos, na noite sem lua, que ao herói parecia um sonho: "Soubesse sonhasse eu?". A princípio, eles eram iluminados apenas pela luz da estrela-d'alva, mas pressentidos por Riobaldo apenas pelos seus cheiros, sons dos cavalos e os ruídos dos grilos, até serem clareados pela aurora. Quando ela chega, o que eram apenas movimento e ranhuras percebidos por alguns dos seus sentidos, transforma-se numa espécie de sinfonia total que ativa a todos eles, os do herói e os do leitor: cheiros, sons, imagens visuais, movimentos:

> Aí mês de maio, falei, com a estrela-d'alva. O orvalho pripingando, baciadas. E os grilos no chirilim. De repente, de certa distância, enchia espaço aquela massa forte, antes de poder ver eu já pressentia. Um estado de cavalos. Os cavaleiros. Nenhum não tinha desapeado. E deviam de ser perto duns cem. Respirei: a gente sorvia o bafejo – o cheiro de crinas e rabos sacudidos, o pelo deles, de suor velho, semeado das poeiras do sertão. Adonde o movimento esbarrado que se sussurra duma tropa assim – feito uma porção de barulhinhos pequenos, que nem o dum grande rio, do a-flôr. A bem dizer, aquela gente estava toda calada. Mas uma sela range de seu, tine um arreaz, estribo, e estribeira, ou o coscós, quando o animal lambe o freio e mastiga. Couro raspa em couro, os cavalos dão de orelha ou batem com o pé. Daqui, dali um sopro, um meio-arquejo. E um cavaleiro ou outro tocavam manso sua montada, avançando naquele bolo, mudando de lugar, bridava. Eu não sentia os homens, sabia só dos cavalos. Mas os cavalos mantidos, montados. É diferente. Grandeúdo. E, aos poucos, divulgava os vultos muitos, feito árvores crescidas lado a lado. E os chapéus rebuçados, as pontas dos rifles subindo das costas. Porque eles não falavam – e restavam esperando assim – a gente tinha medo. Ali deviam de estar alguns dos homens mais terríveis sertanejos, em cima dos cavalos teúdos, parados contrapassantes. Soubesse sonhasse eu?

---

12 Sobre a canção, tratei mais longamente no primeiro volume. Ver ibidem, p.76-86.

Com a aurora, o grupo jagunço se revela inteiro, harmonizado com o cenário como uma manifestação total, que reunia desde os miúdos sons dos grilos e os movimentos do orvalho com o celeste e o cósmico das estrelas, "estalinho de estrelas", como um quadro operístico de uma epifania wagneriana:

> A gente se encostava no frio, escutava o orvalho, o mato cheio de cheiroso, estalinho de estrelas, o deduzir dos grilos e a cavalhada a peso. Dava o raiar, entre-luz da aurora, quando o céu branquece. Ao ar indo ficando cinzento, o formar daqueles cavaleiros, escorrido, se divisava. E o senhor me desculpe de estar retrasando em tantas minudências. Mas até hoje eu represento em meus olhos aquela hora, tudo tão bom; e, o que é, é saudade. (*GSV*, p.113-4)

A passagem de Riobaldo pela fazenda do padrinho, ao mesmo tempo que permitiu-lhe conhecer o que seria para ele o paradigma do grande chefe a ser seguido, Joca Ramiro – só muito depois ficará sabendo que era o pai de um de seus amores, Diadorim –, mostra-lhe também o quanto o padrinho era fraco e falso, alguém que gostaria de ser o que não era:

> Dito que Joca Ramiro era um chefe cursado: muitos iguais não nascem assim – dono de glórias! Aquela turma de cabras, tivesse sorte, podia impor caráter ao Governo. Meu padrinho levara aquele dia todo no meio deles [...] Parecia que ele queria se emprestar a si as façanhas dos jagunços, e que Joca Ramiro estava ali junto de nós, obedecendo mandados, e que a total valentia pertencia a ele, Selorico Mendes. Meu padrinho era antipático. Ficava mais sendo. Eu achava. (*GSV*, p.116)

Porém, tudo se complica quando lhe sugerem que, pela semelhança de certos traços físicos, o padrinho poderia ser o seu pai, como se ele realizasse a expressão corriqueira de ser "a cara do pai". Isso ele mais do que rejeita, renega, como se ser afilhado daquele homem até lhe fosse tolerável, porém, filho, não:

> Mas, um dia – de tanto querer não pensar no princípio disso, acabei me esquecendo quem – me disseram que não era à-toa que minhas feições copiavam retrato de Selorico Mendes. Que tinha sido meu pai! Afianço que, no escutar, em roda de mim o tonto houve – o mundo todo me desproduzia, numa grande desonra. Pareceu até que, de algum encoberto jeito, eu daquilo já sabia [...]. (*GSV*, p.117, grifo meu)

Esse fato não lhe foi de pouca monta, Riobaldo fala dos seus "altos desesperos", da "revolta contra meu padrinho" e "minha vergonha". O que mostra que a sua ideia de valentia não coincidia com a do padrinho e dos demais valentões. Depois veremos como a sua identificação com Joca Ramiro se devia ao fato de sua valentia ter também um componente alto e moral. Ele era portador de algo indefinível, o que lhe dava um carisma e o destacava, impedindo-o de se confundir com a ferocidade dos outros chefes jagunços. (Uma aura difícil de se apreender está presente também em muitas das personagens do livro, nas quais, através do narrador, o autor procura fazer reverberar outras entidades mais altas, paradigmáticas. O que lembra a maneira como os pintores barrocos figuravam os homens comuns de nossa experiência, fazendo-os lembrarem outras divinas e mitológicas, como se sofressem as suas irradiações e reverberações.)[13] A rejeição à identificação com o padrinho, algo que o reduzia a uma pessoa de quem tinha ojeriza, o levou a fugir da fazenda e da sua proteção, lugar onde poderia ter tudo, e saiu em busca de como ganhar a vida por si só:

> Na minha vida, agora é que vejo, as coisas importantes, todas, *em caso curto de acaso* foi que se conseguiram – pelo pulo fino de sem ver se dar – *a sorte momenteira*, por cabelo por um fio, um clim de clina de cavalo. Ah, e se não fosse, *cada acaso*, não tivesse sido, qual é então que teria sido o meu destino seguinte? (*GSV*, p.120-1, grifos meus)

E foi um outro acaso que o levou a cruzar o seu destino com o de uma outra personalidade importante. Depois de algumas tentativas de se colocar no mundo do trabalho, no Curralinho, onde havia vivido as primeiras experiências amorosas, mas que não passaram das primeiras letras na matéria, recorreu ao antigo professor, Mestre Lucas. Foi quando este lhe fez o convite para preencher a função também de professor, para a qual já lhe havia dito que tinha talento, que daria "um professor de mão cheia". Isto seria na fazenda Nhanvas, de Zé Bebelo, que havia justamente nesse dia, por acaso, enviado uns capangas para lhe pedirem alguém "para o ensino de todas as matérias". O herói, que nunca havia tido ou pudera ter uma iniciativa própria, com a concordância do antigo mestre, aceitou o convite e foi. Era assim, um tanto ao léu e ajudado pelos acasos que andava a sua vida e ele aprendia e se formava.[14]

---

13 Estudei melhor isso em meu livro anterior (Roncari, 2004), em especial na Parte 3, Cap. 1, p.261, "Os Chefes".

14 Ver ibidem, p.279.

A morte de Medeiro Vaz

A terceira passagem que devo retomar aqui, embora tenha sido narrada antes das que acabei de comentar, é a da morte de Medeiro Vaz. Ela fecha todo o capítulo da ação de Riobaldo sob o seu comando, portanto, já em missão de combate ao bando do Hermógenes e Ricardão, que compõe o miolo mesmo do livro atual.[15] Na verdade, na ordem cronológica dos acontecimentos da vida do herói, ela se dá num momento agudo, quando muita coisa já lhe havia acontecido: conheceu Zé Bebelo e esteve sob a sua chefia na luta ao lado dos soldados do Governo, contra o bando de Joca Ramiro; encontrou-se pela segunda vez com Diadorim e mudou de lado, seguiu sob o comando de Joca Ramiro no combate às tropas do Governo, apoiadas por Zé Bebelo; participou do julgamento de seu antigo chefe, do mesmo Zé Bebelo; soube da morte de Joca Ramiro à traição pelo Hermógenes e Ricardão, e se aliou com Diadorim e o resto do bando para vingá-lo; e foi aí então que saíram à procura de Medeiro Vaz, para que assumisse a chefia. Foi no caminho, antes ainda de encontrá-lo, que passaram pela fazenda Santa Catarina, onde Riobaldo conheceu Otacília. A não ser esta última etapa, já mencionada rapidamente e depois relatada como o primeiro encontro dos dois, essas são passagens ainda a serem narradas, enquanto que a morte de Medeiro Vaz é antecipada. Qual a razão dessa inversão da ordem dos fatos ou o embaralhamento do cronológico na narrativa, além das explicações psicológicas dadas pelo herói narrador?:

> Contar seguido, alinhavado, só mesmo as coisas de rasa importância. De cada vivimento que eu real tive, de alegria forte ou pesar, cada vez daquela hoje vejo que eu era como se fosse diferente pessoa. Sucedido desgovernado. Assim eu acho, assim é que eu conto. O senhor é bondoso de me ouvir. Tem horas antigas que ficaram muito mais perto da gente do que outras, de recente data. O senhor mesmo sabe. (*GSV*, p.95)

Pelo que podemos apreender de suas palavras, os acontecimentos relatados pelo herói narrador não seguiam uma tentativa de recuperá-los tal como se passaram na realidade e na sua ordem, mas de como se depositaram e coexistiam no campo de sua memória. É de lá que eles emergiam à consciência, abandonando a simultaneidade em que lá existiam para se reposicionarem numa outra sequência. Agora, não segundo a cronologia em que se deram,

---

15 Ver *GSV*, p.18-81.

mas na ordem do peso emocional que tiveram para ele em alegria ou dor, "de alegria forte ou pesar", quando os viveu, pelo teor do vivido, "de cada vivimento". Ele que se via então, no passado, como se fosse outro, "como se fosse diferente pessoa", o que, da sua perspectiva atual, reconhecia-se com a aparência de um "Sucedido desgovernado". E na memória, o mais próximo não era o mais recente, o que estava mais perto no tempo, mas o que lhe vinha primeiro à lembrança, pelo peso emocional que o fato guardara no momento que o gozou ou sofreu. Qual o sentido disso? Por que *o autor* escolheria sobrepor essas motivações subjetivas e espontâneas *do herói narrador* em detrimento do encadeamento causal entre as partes? Teria em vista suprimir algum sentido dado pela articulação dos fatos da vida? Qual o efeito de se optar pela *duração* deles na memória, seria o de dar maior autenticidade à narrativa, torná-la mais crível e próxima para o leitor ao presentificá-la?

Esse fato sem dúvida abre espaço para que prestemos mais atenção na expressividade da fala incessante do herói do que propriamente no sentido das ações, nas suas motivações e em seus elos causais. Esse modo narrativo permite que o herói permeie o seu relato com um sem-número de eventos e causos, aparentemente só digressivos, cujas importâncias parecem ser as de envolver o leitor e fazê-lo viver tudo mais sensivelmente do que compreensivamente. O narrador traz até ele as paisagens sertanejas, a fauna, a flora, os ventos e os cheiros, as cores, os pequenos seres e objetos que ganham a presença nela pelos seus nomes específicos, como se fossem estes os verdadeiros seres ou tivessem eles mais realidade do que os objetos e sentimentos designados, o que empresta à narrativa um tom também poético. Tudo tem seu nome próprio, acentuado pelas respectivas sonoridades, e é por ele que se faz presente nesse mundo animado, onde não existe anonimato, tudo tem o seu nome próprio. Estes são fatos estilísticos bastante observados e comentados pela crítica.

Assim, quando encontram Medeiro Vaz e ele assume o comando, a história jagunça de Riobaldo já vai longe: ele se formou e tem bem definidas as suas lealdades, os amigos e inimigos, sabe de que lado está e a quem deve combater, e mais, vive também as suas singularidades, não se acomoda nem se identifica inteiramente com a ordem jagunça e, por isso, sabe de seu isolamento e solidão. Mas os seus dilaceramentos interiores maiores agora serão entre os seus dois amores: Otacília e Diadorim, que na verdade apontam para duas possibilidades de vida opostas.

A importância do episódio que nos ocupa agora, já foi em parte apreciado por mim em meu livro anterior. Eu o retomo agora porque foi aí que se colocou pela primeira vez ao herói o problema do poder e do seu despreparo para a chefia, que se radica na sua filiação, na origem humilde e na falta de pai. Ele já havia vivido essa lacuna, da ausência do modelo paterno e do não aprendizado da segurança e da coragem no seu primeiro encontro com o Menino, Diadorim, no Rio-de-Janeiro, como vimos. Porém essas carências apareciam ainda como uma questão só de ordem pessoal ou de traços individuais, como o fato do sujeito ter medo ou coragem. Mas só agora ela se colocava a ele como um problema de posição de poder e de capacidade e preparo para *o mando*. Quando, no Marcavão, Medeiro Vaz , à beira da morte e com os olhos já vitrificados, ainda consegue perguntar, com dificuldade: "Quem vai ficar em meu lugar? Quem capitaneia?...". E, pelo que o herói e Diadorim percebem, o chefe moribundo parecia apontar para Riobaldo, ele se esquiva e nega a si mesmo essa possibilidade:

> Mas eu vi que o olhar dele esbarrava em mim, e me escolhia. Ele avermelhava os olhos? Mas com o cirro e o vidrento. Coração me apertou estreito. Eu não queria ser chefe! "Quem capitaneia..." Vi meu nome no lume dele. E ele quis levantar a mão para me apontar. As veias da mão... Com que luz eu via? Mas não pôde. A morte pôde mais. (*GSV*, p.77)

O herói sabia que morria ali uma figura alta, não era o chefe um homem qualquer, mas *"o Rei dos Gerais"*, quase uma deidade associada ao touro negro, como o vê e o descreve: "Ossoso, com a nuca enorme, cabeçona meia baixa, ele era dono do dia e da noite – que quase não dormia mais: sempre se levantava no meio das estrelas, percorria o arredor, vagaroso, em passos, calçado com suas botas de caititu, tão antigas. [...] O segredo dele era de pedra". E os versos que tem vontade de falar, "como quem cantasse em coreto", remetem igualmente a elementos associados a Dionísio: o touro negro, de pedra, a árvore como o carvalho que não se dobra:

> Meu boi preto mocangueiro,
> árvore para te apresilhar?
> Palmeira que não debruça:
> buriti – sem entortar...

Quando Diadorim o intima a assumir o comando, como se tivesse sido a última ordem de Medeiro Vaz, o herói reage e nega, diz que não queria, que aquilo estava acima de suas "capacidades" e que não desejava "arreglórias" e "mão de mando", e que não podia e não servia para isso. Diadorim retruca e lhe diz: "Mano velho, Riobaldo, *tu pode!*". E tenta ainda convencê-lo; os outros homens do bando já procuravam demonstrar assentimento às instâncias de Diadorim, uns até já o aclamavam pelo apelido de bicho agressivo, de fogo, "Tatarana! Tatarana!...", mas ele reafirma a sua recusa final e decisiva, diz: "–Não posso, não quero! Digo definitivo! *Sou de ser e executar*, não me ajusto de *produzir ordens*..." (grifos meus). Nessa resposta ele reunia as limitações que reconhecia em si mesmo, as lacunas deixadas pela sua extração social humilde e a falta do modelo paterno, "não posso"; a consciência delas na constituição de sua vontade, "não quero"; definia a sua natureza e a função correspondente de seus iguais, os homens da camada dos serviçais, hoje, diríamos, a dos tarefeiros, "Sou de ser e executar"; e de como essa extração não lhe permitia que se afinasse com os seres da posição oposta, os homens do mando, "não me ajusto de produzir ordens".

Diante da negativa de Riobaldo, Diadorim, seguro, resolve assumir o comando, e diz, "tomo a chefia", e todos o aprovam e o aclamam: "– Reinaldo! O Reinaldo!". Isso assusta Riobaldo, a imagem forte que usa para representar o impacto da decisão do amigo é a de algo rude que tivesse abruptamente despertado em seu interior: "Num nu, nisto, nesse repente, desinterno de mim um nego forte se saltou!". O que é que saltava em seu interior como um negro forte? Possivelmente, o pressentimento ainda inconsciente do herói de que a assunção da chefia por Diadorim iria alterar inteiramente a relação, explícita e implícita, entre eles: a de amizade e amor. Essa nova condição do amigo, como o chefe, iria na verdade redefinir suas posições, quer dizer, elas deixariam de ser entre iguais, dois jagunços bravos podendo se olhar nos olhos, para elevar Diadorim à posição do mando e da chefia, em outros termos, passaria o amigo a estar acima dele e se tornar no homem ou, nos termos usuais da época, no "cabeça do casal". Riobaldo diz, incontido e meio desarvorado:

> Não. Diadorim, não. Nunca que eu podia consentir. Nanje pelo tanto que eu dele era louco amigo, e concebia por ele a vexável afeição que me estragava, feito um mal amor oculto – por mesmo isso, nimpes nada, era que eu não podia aceitar aquela transformação: negócio de para sempre receber mando dele, doendo de Diadorim ser meu chefe, nhem, hem? Nulo que eu ia estuchar. Não, hem, clamei – que como um sino desbadala:
> – Discordo. (*GSV*, p.79)

A preocupação maior do herói não era tanto a de ter de se subordinar ao amigo no bando, sujeito de coragem reconhecida por todos, principalmente por ele. Riobaldo já tinha sido comandado por outros, inclusive por aqueles de quem desconfiava, como Hermógenes e Ricardão, e se subordinará logo após a outro que considerava fraco, como Marcelino Pampa, "possuía talentos minguados". O problema era pessoal, entre ele e Diadorim, o de saber qual dos dois deveria ter o comando ou, nos nossos termos, ser o "chefe da casa"; sem dúvida, pelo gosto que demonstrava Riobaldo por mulher, ele só deveria se ver como o "homem da casa". Por isso discorda da iniciativa do amigo, para desagrado dos demais, que Riobaldo suspeita que tenham se aproveitado do fato para separá-los e pensa até em enfrentá-los: "Quem sabe, será se praziam no poder ver nós dois, Diadorim comigo – que antes como irmãos, até ali – a gente se estraçalhar nas facas?". Ele se dispõe de início mesmo a uma solução visceral, como era constante de seu temperamento, e mais para apaziguar-se do que encontrar uma saída, diz: "Torci vontade de matar alguém, para pacificar minha aflição". Porém, vê que o Sesfredo e o Alaripe o secundavam na discordância, e sente que o clima ficava tenso. Teme também que Diadorim o desafiasse e chega a encará-lo, pronto para o enfrentamento e ir às vias de fato: "eu arcava em cru com o desafio, desde que ele brabasse". Porém, o amigo abaixa a vista em sinal de submissão e o herói se sente vitorioso, e afirma para si mesmo com certo entusiasmo: "*Pude* mais do que ele!" (grifo meu). Todavia, para o alívio e distensão geral, ao perceber que o poder se deslocava, "Pude", ele mesmo propõe uma meia-solução ou solução salomônica: a de que Marcelino Pampa ficasse na chefia, por ser o mais velho, além de valente e ajuizado, embora, no fundo, como já vimos, o considerasse um sujeito de "talentos minguados" e, mais adiante dirá, pela sua indecisão, que ele no comando "não dava altura".[16] O que se comprovará mesmo e aceitarão como novo chefe Zé Bebelo, o antigo inimigo derrotado que retornava do ostracismo.

O que foi colocado aqui, já nos inícios do romance, como um problema do poder, estava ainda restrito às relações pessoais e privadas, entre os dois amigos-amantes. Ele só ganhará proporções e adquirirá uma dimensão propriamente "política", a da chefia do grupo e do poder de decidir para onde ir e o que fazer para o cumprimento da missão a que tinham se imposto, no primeiro capítulo deste livro, quando do combate entre os bandos na Fazenda dos Tucanos, sob a chefia de Zé Bebelo. Do que nos ocuparemos a seguir.

---

16 Toda essa passagem foi mais detalhadamente analisada por mim em Roncari, 2004, p.64-7.

1
Na Fazenda dos Tucanos
Entre o ser e o não-ser, no meio o poder[1]

A morte de Joca Ramiro: traição e vingança

"Mataram Joca Ramiro!...", foi o que gritou o Gavião-Cujo, o jagunço mensageiro que chegava esbaforido à Tapera-Nhã, num momento em que o bando, em repouso e distendido, vivia o tédio da inação: "Os dias de chover feio foram se emendando. Tudo igual – às vezes é uma sem-gracez. Mas não se deve tentar o tempo". O lugar era o da Guararavacã do Guaicuí, que receberá depois o epíteto, "do nunca mais", como se referisse a um espaço e tempo harmoniosos de uma pastoral, sem as guerras brutas, como deveria ter sido o *Paraíso perdido*. E o tempo era o das chuvas, das águas de fevereiro e março, o do "inverno do sertão". O mensageiro, depois de intimado por Titão Passos, que tinha ficado no comando do grupo, a repetir o recado, acrescentou: "...Matou foi o Hermógenes...", e narra a tocaia de que fora vítima Joca Ramiro, morto pelas costas, à

---

1 Um resumo deste estudo foi apresentado no V Simpósio Mundial de Estudos da Língua Portuguesa (Simelp), na Università del Salento, Lecce, Itália, em outubro de 2015. Uma primeira versão dele foi publicada na revista *on-line* do Centro de Pesquisa e Formação do Sesc (Roncari, 2015). Uma versão resumida dele também apresentei na mesa redonda do evento promovido pelo Instituto de Estudos Brasileiros (IEB) da USP: Infinitamente Rosa: 60 anos do *Grande sertão: veredas* e *Corpo de baile*, na Faculdade de Arquitetura e Urbanismo (FAU) da USP, em 15 de setembro de 2016.

traição. Aquele tempo de paz e regozijo num lugar aprazível havia acabado, e se iniciava outro, oposto, mas que não era também um simples retorno às antigas batalhas. Elas tinham sido contra as forças do governo, aliadas ao bando de Zé Bebelo, que Joca Ramiro havia derrotado e levado a julgamento. O tempo que se iniciava agora "Era a outra guerra", como o herói narrador a define: "aquela luta de morte contra os Judas – e que era briga nossa particular". Embora ainda sofressem escaramuças das tropas do Governo, a principal luta de então será contra uma parte do antigo bando do próprio Joca Ramiro, a comandada por Hermógenes e Ricardão. A partir dessa hora, disse Riobaldo, "descemos no canudo das desgraças" e em breve reconhecerá que haviam "descido na inferneira". Ele deixa claro que viviam um momento de inflexão e de revezes: "o mundo nas juntas se desgovernava". Porém seria também um tempo de determinação, uma luta de *busca da vingança*. Eles precipitavam-se, portanto, pela inclinação da face direita do trapézio, conforme o *disegno interno* ou a arquitetura de sustentação do romance por mim descrita em meu livro anterior.[2] Por ironia, os homens que ficaram leais a Joca Ramiro acabariam tendo como chefe o antigo inimigo que haviam combatido, derrotado e julgado: Zé Bebelo. Com isso, mudava o quadro da intriga, que foi assim sintetizado pelo herói narrador, depois de enfrentarem os soldados do Governo:

> Pois – aquela soldadama viera para o Norte era por vingar Zé Bebelo, e Zé Bebelo já andava por longes desterrado, e nisso eles se viravam contra a gente, que éramos de Joca Ramiro, que tinha livrado a vida de Zé Bebelo das facas do Hermógenes e Ricardão [no julgamento]; e agora por sua ação, o que eles estavam era

---

2 Ver Roncari, 2004, p.261. Os aspectos construtivos da literatura de Guimarães Rosa e, consequentemente, também do romance – resultados de um acúmulo grande de materiais linguísticos e conceituais colhidos ao longo do tempo e que seguiam um projeto, além de pesquisa e trabalho de elaboração – foram enfatizados pelo próprio autor numa sua carta de 11 de maio de 1947 ao tio Vicente Guimarães: "Toda arte dagora por diante, terá de ser, mais e mais, construção literária. Já estamos nos tempos novos, já estávamos reabilitando a arte, depois do longo e infeliz período de relaxamento, da avacalhação da língua, de desprestígio do estilo, de primitivismo fácil e de mau gosto. [...] A palavra de ordem é: construção, aprofundamento, elaboração cuidadosa e dolorosa da 'matéria-prima' que a inspiração fornece, artesanato!". E, pouco adiante: "A nossa literatura, com poucas exceções, é um valor negativo, um cocô de cachorro no tapete de um salão. Naturalmente palavrosos, piegas, sem imaginação criadora, imitadores, ocos, incultos, apressados, preguiçosos, vaidosos, impacientes, não cuidamos da exatidão, da observação direta, do domínio dos temas, do estudo prévio, do planejamento, da construção literária" (Guimarães, V., 2006, p.133-8); sobre o assunto, v. a dissertação de Guilherme Mazzafera e Silva Vilhena (2017).

ajudando indireto àqueles sebaceiros. Mas, quem era que podia explicar isso tudo a eles, que vinham em máquina enorme de cumprir o grosso e o esmo, tendo as garras para o pescoço nosso mas o pensante da cabeça longe, só geringonciável na capital do Estado? (*GSV*, p.286-7)

No tempo histórico da ação do livro, o da República Velha, as tropas que davam combate à jagunçagem eram as estaduais e não as federais, como será depois de 1930, por isso ele afirma, com "o pensante longe [...] na capital do Estado", no caso, na de Minas Gerais, Belo Horizonte. Porém, o autor evita particularizar, pois o seu sertão é o mesmo de todo o interior do país, de modo que o seu *regional*, o característico geográfico abduzido, passa pelo *nacional*, o institucional, ou se confunde com ele, antes de remeter a alguma universalidade, como veremos – só levando isso em conta poderemos dizer que "o sertão é o mundo". Essas forças policiais eram controladas pelos chefes políticos da facção dominante da oligarquia local, geralmente agrupada no Partido Republicano de cada estado, para combater e perseguir as milícias jagunças de outras facções, das que escapavam ao controle da alojada no poder. Nessa etapa do conflito, de certo modo, tratava-se de uma luta interna entre os próprios membros das oligarquias, entre os que controlavam o poder político estadual e os que se opunham a eles.[3] Aqui, será oportuno observarmos, para apreendermos

---

3 Esse quadro diverge em alguns pontos do de Walnice Nogueira Galvão, no apanhado que faz do romance em "Um vivente, seus avatares". Primeiro, quando diz que o bando de Zé Bebelo "contava com o auxílio do governo que acudia com dinheiro, armamentos e mesmo alguns soldados". O que me parece é que ocorria o inverso, o bando de Zé Bebelo de início é que havia sido cooptado e se tornado numa força jagunça auxiliar das tropas oficiais. E, como diz o herói, "geringonciável na capital do Estado", de Minas e não da União. A discurseira de Zé Bebelo tem de fato algo de nacional e modernizante, mas é só discurso, por isso Riobaldo o parodia e não o leva muito a sério, desconfia dele. Porém, o mais importante é quando comenta e deixa margem a alguma dúvida: "A personagem de Zé Bebelo é crucial para a narrativa, uma vez que enfeixa os atributos de uma tendência histórica: o esforço de centralização realizado pela União para cercear o poder local, alicerçado na federalização trazida pela República ao conceder autonomia aos estados. A retomada das rédeas do poder assim fragmentado ocuparia todo o período da República Velha e só se encerraria com o golpe de 1930. Estamos assistindo, nessa saga de jagunços, a esse processo histórico: de um lado Zé Bebelo representando o poder central e do outro lado os bandos privados nas funções de poder local" (Galvão, 2008, p.256-7). Já discorri muito sobre isso em meu livro anterior (ver toda a Parte 3, "O Tribunal do Sertão"). O que assistimos neste segundo momento é uma luta entre facções do antigo bando jagunço de Joca Ramiro, assim, de bando contra bando, e ocasionalmente enfrentando ambos as tropas do governo estadual. Na República Velha, liberal e *federativa*, portanto, não centralizadora, o que só ocorrerá depois de 30, eram

como também interferem no texto as mãos e as intenções literárias do autor, que ultrapassam em muito a experiência do herói narrador. Elas agem de forma a acrescentar à tessitura do relato, mesclada à sua historicidade *regional* e *nacional*, uma representação também mítico-simbólica, agora sim *universal*, para recobrir as duas outras com uma membrana composta de elementos da mitologia clássica greco-romana. Com sutileza, ele sugerirá a presença de uma regência cósmica presidindo a luta, como se ela fosse a resplandecência terrena de uma outra luta, celeste. O embate deixará assim de ser regido pelos elementos estáveis, os de lugares definidos, como *a terra* e *a água*, que eram os da tradição de Joca Ramiro e Medeiro Vaz, o touro de Dioniso, como vimos na "Introdução", no episódio da morte do último; para ser agora direcionado pelos instáveis, aqueles em movimento e mudança constantes, *o fogo* e *o ar*, sob o comando de Zé Bebelo, depois de seu retorno do desterro, como um deus Hermes, pela descrição do herói narrador, após o curto comando de Marcelino Pampa:

> Medeiro Vaz reinou, depois de queimar sua casa-de-fazenda. Medeiro Vaz morreu em pedra, como o touro sozinho berra feio; conforme já comparei, uma vez: touro preto todo urrando no meio da tempestade. Zé Bebelo me alumiou. Zé Bebelo *ia e voltava*, com um vivo demais de *fogo e vento*, zás de raio veloz como o pensamento da ideia – mas *a água e o chão* não queriam saber dele. (*GSV*, p.293, grifos meus)

A filiação taurina de Medeiro Vaz (que o radicava nas antigas famílias colonizadoras de sesmeiros) coligava-se com a de Joca Ramiro, José Otávio Ramiro Bettancourt Marins, que tinha sido também associado ao touro: "era como fosse um touro preto, sozinho surdo nos ermos da Guraravacã, urrando no meio da tempestade. Assim Joca Ramiro tinha morrido" (*GSV*, p.281). A essa tradição, por pelo menos duas vezes, Zé Bebelo procurou se vincular, autonomeando-se *Zé Bebelo Vaz Ramiro*; num certo momento, o próprio Riobaldo, que não deixava de olhá-lo sempre com alguma desconfiança, cobrou dele essa nomeação: "Por que é que o senhor não se assina, ao pé: *Zé Bebelo*

---

os governos estaduais que substituíam o poder Imperial centralizador e dominava nela os interesses particularistas, a "política dos governadores", a *situação* nos governos dos estados em aliança com parte dos coronéis em luta contra a parte que ficara na *oposição*. Isso só daria lugar de fato, como acertadamente diz Walnice, a uma nova tendência centralizadora com Getúlio Vargas (ver sobre o assunto, a melhor fonte, penso eu, é um livro de 1949, que teve grande repercussão na época e é ainda hoje uma referência, e Guimarães Rosa, sem dúvida, o conhecia: Leal, 1978).

Vaz Ramiro... como o senhor outrora mesmo declarou?" (*GSV*, p.91, 296, 313-4). Isto, depois do chefe ter assinado as cartas que mandara Riobaldo escrever como "*José Rebelo Adro Antunes, cidadão e candidato*". Ele fazia questão de realçar a sua condição republicana, "cidadão", e política, "candidato", o que não condizia bem com o sentimento de autonomia do antigo patriarcalismo imperial, de que eram portadores Medeiro Vaz e Joca Ramiro. Sob a tutela do imperador, o que os grandes proprietários perdiam, como *súditos*, ao não compartilharem com ele do poder político fora de suas propriedades, ganhavam com anão ingerência do monarca em suas questões internas, "da porteira para dentro", como diziam. Além da proteção política que recebiam, principalmente para a manutenção de seus escravos, e a liberdade de constituírem eles próprios os corpos da Guarda Nacional. Agora, na jovem República, no livro estamos nos anos 10 e 20 do século passado, era um momento de repactuação entre os "coronéis" com as suas milícias jagunças, como as dos dois grandes chefes, e a autoridade do Governo estadual republicano com as suas forças militares, que queriam derrotar e submeter os que não aceitavam o domínio *da situação*.

Da notícia fatídica da morte à traição de Joca Ramiro até chegarem à Fazenda dos Tucanos, a narrativa condensa muitos fatos. Entre eles, os relatos dos trabalhos de reunião dos chefes e grupos jagunços que continuaram leais à Joca Ramiro e lutariam agora pela sua vingança; o enfrentamento com um troço de soldados do Governo; a referência a alguns episódios importantes, porém já narrados anteriormente, como a passagem do bando pela fazenda Santa Catarina, onde Riobaldo conheceu Otacília, quando seu grupo buscava Medeiro Vaz, que assumiria o comando, até a sua morte e a volta de Zé Bebelo, durante a rápida chefia de Marcelino Pampa; tudo entremeado por agudas reflexões do herói narrador sobre a religião, um possível pacto com Deus, a paz, a sua vida, os seus amores e, principalmente, o seu destino. Este tinha sido o tema da canção de Siruiz e do poema que ele próprio fez e silenciou, mas que então deve tê-lo recitado ao seu interlocutor, que o registrou e publicou: "Mas estes versos não cantei para ninguém ouvir, não valesse a pena" (*GSV*, p.301). Algumas dessas passagens já foram também analisadas em meu livro anterior (ver Roncari, 2004, p.64 e 76). Fica claro também que estavam na margem direita do São Francisco, e que, na perseguição ao bando do Hermógenes, o atravessaram, e a sequência dos episódios se dará nos Gerais, na sua margem esquerda, do que ficamos sabendo quando ele diz: "O Urucuia, suas abas. E vi meus Gerais!".

Entre os tantos eventos aí condensados, num certo momento, o Alaripe, como a mosca azul do poema de Machado, que ilude um pobre serviçal e o faz crer que tem um império fantástico na mão, diz a Riobaldo que ele próprio poderia ser um chefe, o que equivaleria, na ocasião, a ser o substituto de Joca Ramiro. Ele descarta logo a sugestão e não toca mais no assunto: "– Mano velho Tatarana, você sabe. Você tem sustância para ser um chefe, tem a bizarria... – no caminho o Alaripe me disse. Desmenti. De ser chefe, mesmo, era o que eu tinha menos vontade" (*GSV*, p.283-4).Essa mesma possibilidade voltará a aparecer na sequência dos fatos, mas num evento já relatado bem antes pelo herói narrador – algo já ocorrido na ordem narrativa, mas que deverá ainda acontecer na dos eventos –, que foi quando da morte de Medeiro Vaz, também revisto na nossa "Introdução"; o que ele descartou também, até um tanto enfurecido, afirmando: "Sou de *ser e executar*, não me ajusto de *produzir ordens...*" (*GSV*, p.78, grifos meus). Mas só agora, na Fazenda dos Tucanos, essa questão de poder e chefia ganhará maiores proporções, e chegará a se constituir no fundo mais substantivo do episódio que iremos analisar, pois tocará na própria natureza do ser do herói, se considerarmos a sua origem social humilde e as suas heranças familiares, filho de mãe solteira pobre.

Quanto à ordem narrativa, daqui para a frente, haverá nela também uma rearticulação, aparentemente no sentido oposto ao dos acontecimentos. Se nestes, "o mundo nas juntas se desgovernava", agora, naquela, ela será melhor ordenada, como se demandasse uma readaptação da forma ao seu novo conteúdo, predominantemente épico, como se o relato de um mundo em convulsão demandasse ordem e sentido. O que apreciamos nesse interregno, entre o anúncio da morte de Joca Ramiro e a chegada do bando já sob o comando de Zé Bebelo à Fazenda dos Tucanos, é a necessidade do desembaralhamento da ordem do narrado. Quer dizer, de se desfazer o imbróglio que misturava episódios de tempos distintos, e, para isso, vem a necessidade de se recuperar alguns acontecimentos já relatados. Ocorre aqui um movimento de substituição da perspectiva de *simultaneidade* para a de *sucessão*. Naquela, o herói narrador recuperava os fatos depositados em sua memória que estivessem mais presentes e vivos, e os contava ao seu interlocutor, supostamente, como lhe vinham à consciência espontânea e desordenadamente. Porém, para o autor, a intenção norteadora do até então relatado parece ter sido a de oferecer ao leitor os eventos mais definidores do vivido para *a formação do herói*. É sobre ele que nos debruçamos e acompanhamos os seus processos de consciência.

Muito da matéria a partir de agora será tirada do próprio narrado ou o subentende. Talvez por isso Riobaldo tenha dito ao seu interlocutor: "Aqui eu podia pôr ponto. Para tirar o final, para conhecer o resto que falta, o que lhe basta, que menos mais, é pôr atenção no que contei, remexer vivo o que vim dizendo. Porque não narrei nada à toa: só apontação principal, ao que crer posso" (*GSV*, p.292).E é o que de certo modo ele faz, por isso temos que levar muito em conta o já dito, antecipado, como o primeiro encontro com Otacília na fazenda Santa Catarina e o episódio da morte de Medeiro Vaz, fatos de sua vida amorosa e guerreira. Mas eles são recuperados agora como elos importantes da cadeia do narrado, por isso ele os reconta, para darem a ela consistência e sentido. Seria isto: como se a experiência moderna da ordem subjetiva, mais próxima dos nossos processos mnemônicos, reproduzidos na narrativa que vinha sendo construída, sufragasse diante da determinação mais tradicional da necessidade de objetividade e sentido da épica, que não tinha sido ainda superada.

Uma volta à velha ordem tanto na forma quanto no conteúdo? Pois agora o sentido da luta passava a ser regressivo também e se invertia. Enquanto a ordem narrativa anterior fazia o tema modernizante da busca da justiça no sertão entrar no formalmente moderno, agora ela se realinhava e irá do moderno ao tematicamente também arcaico: deixará de ser o da busca da justiça, que culminara com o episódio do julgamento de Zé Bebelo, para ser o exclusivo da procura da vingança na sua sequência episódica. Desse modo, tanto na forma como no conteúdo, caminhamos do moderno ao arcaico. Seria como se as forças do *eterno retorno* voltassem e se impusessem à *travessia*. E dessa vez elas envolviam a todos e não só os antagonistas, Hermógenes e Ricardão. Enganariam-se desse modo os que localizavam apenas neles a negatividade. Agora passava a vigorar uma espécie de *regência da violência* que retornava; essas forças seriam mais altas e sobrepujariam os planos terrenos imediatos das forças em conflito. A que será que isso se destinava, nessa nossa história do sertão tão bem contada? Coisas do destino, que viriam de longe? Onde se enraizavam?

Os acontecimentos referidos acima ocorreram de fato ao longo desse percurso e em tempo relativamente breve, de fevereiro a maio, entre o "inverno do sertão", seu tempo das águas, e a estação do inverno propriamente dita. A chegada desse novo tempo benfazejo, o outono-inverno no sertão, "era em maio", diz Riobaldo. Quando passaram pela fazenda Santa Catarina a caminho do encontro com Medeiro Vaz, no Bom-Buriti, ela foi assim notavelmente resumida por ele:

> Tomando o tempo da gente, os soldados remexiam este mundo todo. Milho crescia em roças, sabiá deu cria, gameleira pingou frutinhas, o pequi amadurecia no pequizeiro e a cair no chão, veio veranico, pitanga e caju nos campos. Ato que voltaram as tempestades, mas entre aquelas noites de estrelaria se encostando. Daí, depois, o vento principiou a entortar rumo, mais forte – porque o tempo todo das águas estava no se acabar. (*GSV*, p.287)

Esses fatos auspiciosos da natureza, porém, contrastavam com o ciclo no qual o grupo dos que ficaram leais a Joca Ramiro entrava. Segundo o herói narrador, abria-se um novo tempo de guerras, que reunia tudo aquilo que já nos foi relatado na primeira parte do romance, as lutas dele sob o novo comando de Medeiro Vaz, até a sua morte: "Tenente Reis Leme nos escaramuçando: queria correr a gente a pano de sabre. Matou-se montanha de bons soldados". Foi depois dessas refregas que o bando se dispersou. Diadorim e Riobaldo, que tinham ficado juntos, só retornaram para apreciar a morte do "Rei dos Gerais". Depois do que, como já vimos, passaram pela rápida chefia de Marcelino Pampa e aclamaram o retorno e o comando de Zé Bebelo.

A casa-grande sitiada

O lugar onde chegaram e acamparam, a Fazenda dos Tucanos, era uma antiga casa-grande, ainda do tempo do Império, recém-abandonada. Ela tinha as mesmas características da casa-grande brasileira: a construção pesada e sólida, com as paredes grossas e resistentes, feitas para durarem uma eternidade; muitos cômodos e janelões, a varanda alta de onde os senhores poderiam apreciar em toda extensão a grande propriedade, a se perder no horizonte, e vigiarem seu mundo particular, com pátios internos e externos, cruzeiro, senzala, capela, que se alojava dentro ou ao lado da própria casa, mais tulha, engenho, estábulo. Ela quase não variava e expressava a altaneria e concentração de riqueza e poder do grande proprietário rural. No *Memorial de Aires*, de Machado de Assis, o comendador Aires, quando relatou uma conversa que havia tido com Tristão, depois da visita que este fez à fazenda Santa Pia, de Fidélia, disse: "o principal assunto foi a visita de Tristão a Santa Pia, que ele achou interessante como documento de costumes. Gostou de ver a varanda, a senzala antiga, a cisterna, a plantação, o sino. Chegou a desenhar alguma coisa" (Assis, 1977, p.1610). Eram de fato "costumes" bem brasileiros, respeitáveis, apreciáveis a partir da varanda, como a senzala antiga, a cisterna e as plantações postas em funcionamento e controladas pelas batidas do sino, que além de marcar as horas, também os deviam abençoar.

O bando de Zé Bebelo se estabeleceu nos cômodos e outros edifícios coligados à casa. Riobaldo se recuperava de um ferimento à bala que sofrera na refrega com os soldados. Entretanto, três dias depois de estarem ali, bem acomodados, eles ouvem tiros e se dão conta de que sofrem um cerco dos inimigos que perseguiam. De modo que a situação se invertia e, de perseguidores, se tornavam então acossados. A partir daí, poderemos acompanhar praticamente duas histórias, que se desenvolvem simultaneamente e se entrecruzam. Uma primeira, a da ação e luta entre os dois bandos, épica, e outra, como uma sub-história, restrita às relações do herói e os seus desentendimentos e conflitos com Zé Bebelo, portanto dramática. A principal e mais visível era a da luta de vida ou morte entre os jurados de vingança, leais a Joca Ramiro, e os homens de Hermógenes e Ricardão, que os cercavam e encurralavam. O relato é uma história da *cidade sitiada*, só que aqui como uma *Ilíada* invertida; quer dizer, o leitor acompanhará a luta não a partir dos que cercam a cidade, que seria a posição dos gregos, mas dos que foram sitiados, no caso, a dos troianos. Isto inverte a perspectiva, da dos que atacam para a dos que se defendem. O que significa que essa luta será vista não a partir dos que querem matar e se vingar, mas dos que lutam para não morrer e são obrigados a conviver com os mortos e a própria morte. Eles não podem evitar a sua presença, que se faz sentir além das balas dirigidas a eles, mas também com as moscas esvoaçando e o mal cheiro insuportável no interior da casa.

Desse modo, além do inimigo externo, eles tinham também que resistir a um interno e próximo, que era a morte ali vizinha, a dos companheiros abatidos. Estes, eles amontoam e enclausuram num pequeno quarto, porém nada detinha o mau cheiro que exalavam. Essa era uma história de guerra, de enfrentamento entre dois grupos que se mediam. E o confronto não será apenas entre as suas forças, mas também entre os seus poderes de chefia. Externamente, entre a capacidade de comando e de astúcias do chefe ou dos chefes de cada um dos bandos; e, internamente, entre Riobaldo e Zé Bebelo, à medida que o herói desconfia das intenções de traição do chefe. Será nesses dois embates que reconheceremos as capacidades de chefia de Zé Bebelo: o seu poder de pensamento e projeto, de previsão das ações do inimigo e de buscas de saídas e surpresas. Mais do que a força, será a sua astúcia que sobressairá. Esse dote de Zé Bebelo já havia sido antecipado pelo herói narrador, antes ainda de chegarem à Fazenda dos Tucanos:

> A verdade que com Diadorim eu ia, ambos e todos. Além de que Zé Bebelo comandava. – "Ao que vamos, vamos, meu filho, Professor: arrumar esses bodes na barranca do rio, e impor ao Hermógenes o combate..." Zé Bebelo preluzia, comedindo pompa com sua grande cabeça. Assim de loguinho não aprovei, então ele imaginou que eu estava descrendo. – "Agora coage tua cisma, que eu estou senhor dos meus projetos. Tudo já pensei e repensei, guardo dentro daqui o resumo bem traçado!" – e ele pontoava com dedo na testa. Acreditar eu acreditasse, não duvidei. O que eu podia não saber era se eu mesmo estava em ocasiões de boa sorte. (*GSV*, p.303)

O contraste entre Zé Bebelo e Riobaldo é aqui exposto como os extremos do moderno e do arcaico. Enquanto Zé Bebelo assumia o comando como sujeito de pensamento, "pensei e repensei", e projeto, "senhor dos meus projetos", "guardo dentro daqui o resumo bem traçado", são as suas qualidades enfatizadas, Riobaldo se revelava como um sujeito ainda dependente da sorte ou do destino, como ele confessa: "O que eu podia não saber era se eu mesmo estava em ocasiões de boa-sorte". Não era outra coisa que lhe tinham dito a canção de Siruiz e seu próprio poema silenciado, no qual ele dizia: "quando vou pra dar batalha/ convido meu coração" e "Vida é sorte perigosa/...toda noite é rio-abaixo,/ todo dia é escuridão..." (ver Roncari, 2004, p.76).

A constituição do ser

A outra história ou sub-história, a dramática, é esta que se desenvolve entre o chefe sagaz, Zé Bebelo, e o jagunço desconfiado, Riobaldo – entre o poder de comando e astúcia do primeiro e as suspeitas de traição do segundo. O que se desenrola aqui continua de certo modo a sub-história vivida pelo herói durante o episódio do julgamento (Roncari, 2004, p.261). Só que nele Riobaldo ainda estava procurando definir as suas afinidades entre os vários partidos e chefes do bando, para ver que caminhos e modelos seguir, quando escolheu o de Titão Passos, um dos chefes radicados na tradição e de inteira lealdade a Joca Ramiro. Agora, tudo isso já estava mais ou menos resolvido pelo herói, e a sua sub-história emerge e se torna como uma espinha dorsal do episódio, pois ela é recorrente e tem um desenvolvimento próprio. O herói já sabe bem de que lado está, e o que se coloca para ele é algo mais grave: sentirá que o desafio a enfrentar será o de superar a sua condição de simples "braço d'armas", "Sou de ser e executar", ou seja, de jagunço subordinado, com o que havia sempre se conformado. Ele toma consciência de que terá de transcender a sua própria condição de origem e formação e ocupar uma outra, como um intruso, a de homem *do mando*, a que sempre havia se recusado, "não me ajusto de produzir ordens". Queiramos ou não, aqui, mergulhamos fundo na história do Brasil, nas raízes de sua tradição escravista, e o sertão não será mais o mundo.

Como já adiantei acima, enquanto os dois bandos guerreavam, ocorria outro embate, agora entre Riobaldo e Zé Bebelo, um sujeito inteiramente avesso à chefia e outro em tudo adaptado a ela. Ele se dá, na maior parte do tempo, subterraneamente, e só se explicita em alguns momentos. Para a continuidade do romance, ele terá mais consequências do que a luta aparente e vistosa, com grande força e efeitos literários; por isso será sobre os momentos desse pequeno confronto que nos deteremos, uma vez que ele será determinante para as definições e os passos seguintes do herói. A batalha principal travada ali tem um grande valor expressivo e em si, como a força com que nos toca a nós leitores e aos dois grupos jagunços a matança dos cavalos e as suas agonias, a covardia e crueldade da morte de inocentes que não tinham nenhuma condição de se defender. Porém, ela serve mais para revelar a ferocidade dos combatentes e as suas destrezas e artimanhas do que contribui para o desenvolvimento do enredo. Assim também os demais combates, enquanto que o enfrentamento entre Riobaldo e Zé Bebelo desencadeia um processo que obrigará o herói a mudanças, a partir da própria consciência de si e de seu outro, o que lhe colocará a urgência de certas decisões, fundamentais para a continuidade da ação do romance.

Foi um ato de astúcia de Zé Bebelo que acentuou no herói a desconfiança que tinha dele, até então apenas intuída, e a tornou mais aguda. Foi quando, no grosso da batalha, o chefe o chamou para escrever umas cartas. Cuidar das letras numa hora que era das armas, ser chamado para escrever, quando o que deveria era atirar! Isto lhe causa espanto, mais ainda quando as missivas deveriam ser remetidas às autoridades militares e civis das cidades da região: comandante das forças militares, juiz da comarca, presidente da câmara, promotor, gente justamente dos poderes que os combatiam, encarceravam e matavam. Riobaldo acata as ordens de Zé Bebelo, mas com total desagrado, e por melhor que este lhe explicasse a sua agudeza: que a intenção era a de avisar os soldados de onde estavam, para que viessem e atacassem pelas costas as forças de Hermógenes e Ricardão, e, com a surpresa dos soldados sobre os que os cercavam, eles poderiam encontrar uma brecha pela qual se aproveitariam para fugir. Foi o que de fato aconteceu, com os homens de Zé Bebelo ajudados ainda pela trégua firmada com os inimigos, após a vinda dos soldados. Todavia, antes disso, quando tudo ainda estava confuso para o herói, tanto que o convulsionava e refletia até no fluxo verbal de seu pensamento – é desse modo que ele se expressava: "em chão, em a-cu acoo de acuado?! Um rôr de meu sangue me esquentou a cara" –, ele chega a um momento limite. É então que tomou certas decisões que o fizeram crescer e se ultrapassar em tudo o que era e havia sido: decidiu que cumpriria Zé Bebelo se a sua desconfiança se realizasse, de que, se "ele fizesse feição de trair, eu abocava nele o rifle, efetuava". Entretanto, a coisa não era tão simples, pois estaria matando o chefe, o que tornaria o posto vago e seria ele que teria de assumi-lo, o que sempre tinha evitado e para o que não havia sido formado. Mas o herói decide que daria mais esse passo: "Matava, só uma vez. E, daí... Daí eu tomava o comandamento, o competentemente – eu mesmo! – e represava a chefia, forçando os companheiros para a impossível salvação" (*GSV*, p.315-6).

Com esse ato destemido de coragem, ele transitava da agonia da resolução necessária à euforia da decisão tomada, e sentia aí a alegria do investimento de ter-se afirmado, o que quase o transformava num outro sujeito. Então ele exclama por três vezes o próprio nome: "E eu mesmo senti, a verdade de uma coisa, forte, com a alegria que me supriu: – eu era Riobaldo, Riobaldo, Riobaldo!". Justamente quem, que, num outro momento, pouco mais adiante, como veremos, dirá: – "Pois é, Chefe. E eu sou nada, não sou nada, não sou nada...". Essas oscilações extremas só confirmam que o problema do herói era também uma questão de afirmação e de *ser*, ser quem, ser o quê, poderia ser tudo ou não era ninguém?

Porém, a primeira resolução, a afirmativa, que o alegrara e tranquilizara, teve para ele um alto significado e do que tinha toda consciência, quando disse por três vezes: "na minha vida, foi o ponto e ponto e ponto". De modo que, com essa nova confiança, ele partiu com coragem para o confronto com o chefe e ocorreu entre ambos um diálogo forte, que, pela sua centralidade, será importante reproduzirmos e apreciarmos. Ele o começa de modo direto e provocativo:

– "O senhor, chefe, o senhor é amigo dos soldados do Governo..."

E eu ri, ah, riso de escárnio, direitinho; ri, para me constar, assim, que de homem ou de chefe nenhum eu não tinha medo. E ele se sustou, fez espantos.

Ele disse: – "Tenho amigo nenhum, e soldado não tem amigo..."

Eu disse: – "Estou ouvindo."

Ele disse: – "Eu tenho é a Lei. E soldado tem é a lei..."

Eu disse: – "Então, estão juntos."

Ele disse: – "Mas agora minha lei e a deles são às diversas: uma contra a outra..."

Eu disse: – "Pois nós, a gente pobres jagunços, não temos nada disso, a coisa nenhuma..."

Ele disse: – "Minha lei, sabe qual é que é, Tatarana? É a sorte dos homens valentes que estou comandando..."

Eu disse: – "É. Mas se o senhor se reengraçar com os soldados, o Governo lhe repraz e lhe premeia. O senhor é da política. Pois não é? Ô gente – deputado..."

Ah, e feio ri; porque estava com vontade. Aí pensei que ele fosse logo querer o a gente se matar. A sorte do dia, eu cotucava. Mas ruim não foi. Zé Bebelo só encurtou o cenho, no carregoso. Fechou a boca, pensou bem.

Ele disse: – "Escuta Riobaldo, Tatarana: você por amigo eu tenho, e te aprecêio, porque vislumbrei tua boa marca. Agora, se eu achasse o presumido, com certeza, de que você está desconcordando de minha lealdade, por malícias, ou de que você quer me aconselhar canalhagem separada, velhaca, para vantagem minha e sua... Se eu soubesse disso, certo, olhe..."

Eu disse: – "Chefe, morte de homem é uma só..."

Eu tossi.

Ele tossiu.

Diodolfo, correndo vindo, disse: – "O Jósio está morrendo, com um tiro no pescoço, lá dele..."

Alaripe entrou, disse: – "Eles estão querendo pôr mãos e pés no chiqueiro e na tulha. Se assanham!"

Eu disse: – "Dê as ordens, Chefe!"

Eu disse gerido; eu não disse copiável. (*GSV*, p.316-7)

Depois da ousadia do herói, de explicitar toda a sua desconfiança e afrontar o chefe, o que Zé Bebelo, astutamente, colocou para ele foi que a mesma desconfiança ele poderia ter dele, de que Riobaldo também poderia estar com alguma tramoia, de querer também tirar vantagem da situação: "me aconselhar canalhagem separada, velhaca, para vantagem minha e sua". Isso soou para Riobaldo como um desafio, que aceitou e não recuou; porém, talvez em benefício de ambos, que chegaram até perto do enfrentamento e poderiam ali se matar, os acontecimentos da guerra se precipitaram e eles se voltaram para ela. Entretanto, a partir daí, do momento em que estiveram à mesma altura, olho no olho, dito no dito, parecia que as coisas entre eles tinham se desanuviado e foi o herói mesmo, ele que havia iniciado o confronto, que fez questão de repor as posições na hierarquia, de cada um no seu lugar, quando pediu: "– 'Dê as ordens, Chefe!'". Um passo importante havia sido dado por ele, que valia como alerta a Zé Bebelo e o aquietava; entretanto, tinha ainda um longo caminho a percorrer.

Pouco depois, em pleno combate, quando uma borboleta azul esverdeada entrou pela janela da sala da casa grande, como um momento suave de encanto e lirismo em meio às hostilidades e mortes, e Riobaldo a sentiu como "Ela era a paz",[4] Zé Bebelo chegou até ele e o chamou de Urutu Branco e de "Cobra

---

4 Esse fato nos lembra muito de quando, num momento significativo e carregado de contraditoriedades e cinismos, uma borboleta preta entra pela janela de Brás Cubas e ele a mata. Então se pergunta, como se tivesse encontrado uma justificativa para seu ato de

voadeira", associando-o à ferocidade da serpente e à guerra, e disse que um dia entraria com ele "no triunfal, na forte cidade de Januária...". O herói se aproveitou disso para apenas interiormente revelar para si *as suas diferenças*, como se ele optasse mais pelo que significava a borboleta azul dos desejos de Brás Cubas do que a cobra dos do chefe. Enquanto Zé Bebelo mostrava as suas aspirações de guerra, conquista e poder, Riobaldo enxergava na Januária apenas as suas possibilidades de vida civil e pacífica. A cidade não era para ele um grande troféu a ser conquistado, "no triunfal", mas um lugar ameno e urbano, onde mais poderia fruir dos encantos e das alegrias da convivência civilizada do que ocupá-la:

> E, desde, naquela hora, a minha ideia se avançou por lá, na grande cidade de Januária, onde eu queria comparecer, mas sem glórias de guerra nenhuma, nem acompanhamentos. Alembrado de que no hotel e nas casas de família, na Januária, se usa toalha pequena de se enxugar os pés; e se conversa bem. Desejei foi conhecer o pessoal sensato, eu no meio, uns com seus pagáveis trabalhos, outros em descanso comedido, o povo morador. A passeata das bonitas moças morenas, tão socialmente, alguma delas com os cabelos mais pretos rebrilhados, cheirando a óleo de umbuzeiro, uma flor airada enfeitando o espírito daqueles cabelos certos. À Januária eu ia, mais Diadorim, ver o vapor chegar com apito, a gente esperando toda no porto. Ali, o tempo, a rapaziada suava, cuidando nos alambiques, como perfeito se faz. Assim essas cachaças – a vinte-e-seis cheirosa – tomando gosto e cor queimada, nas grandes dornas de umburana. (*GSV*, p.319-20)

Se, anteriormente, Riobaldo havia se esforçado para se colocar à altura do chefe e aproximar-se de sua posição, agora ele se demorava para mostrar as suas diferenças, pelo menos por enquanto, no que tocava aos sonhos e às aspirações de vida. Estavam juntos na guerra, mas tinham, se não projetos, desejos de futuro e disposições anímicas distintas, sendo as do nosso herói bastante familiares e acomodatícias, para não dizermos pequeno-burguesas. A percepção dessas diferenças pelo herói tende a se acentuar. Após a matança dos cavalos, Riobaldo começa a desconfiar de um urucuiano, Salústio, que não saía de seu lado, e pensa que fora Zé Bebelo que o tinha deslocado para lá, para vigiá-lo ou se aproveitar de alguma oportunidade para matá-lo. Mas ele conclui que era apenas para vigiá-lo, pois reconhece que Zé Bebelo carecia tanto dele como

---

crueldade: "–Também, por que diabo não era ela azul?". E o leitor se pergunta: se fosse assim, será que teria sido mais delicado com ela, assim como com Eugênia, a "flor da moita", se não fosse ela manca e pobre? (Assis, 1971, p.552).

ele do chefe, que cada um cumpria uma função diferente e o melhor a fazer, naquelas circunstâncias, seria ele aprender também o que era própria da chefia: pensar e projetar, "pensar com poder", diz ele por duas vezes, possivelmente, um pensar com *poder de ação.*

> Mas Zé Bebelo carecia de mim, enquanto o cerco de combate desse de durar. Traidor mesmo traidor, e eu também não precisava dele – da cabeça de pensar exato? Ao que, naquele tempo, eu não sabia *pensar com poder.* Aprendendo eu estava? Não sabia *pensar com poder* – por isso matava. Eu aqui – os de lá do lado de lá. (*GSV*, p.327, grifos meus)

E as diferenças não paravam por aí, a de ser próprio de um pensar e a guerra e a de outro executar e a paz. Zé Bebelo, como a encarnação do próprio Hermes e a abelha a que era associado (ver Roncari, 2004, p.275), era chefe o tempo todo, não parava a sua atividade nunca, atuava sem descanso, talvez nem mesmo dormisse, controlava tudo e procurava prever o futuro, aquilo que poderia salvá-los ou perdê-los, "porque Zé Bebelo era a perdição, mas também só ele podia ser a salvação nossa".

> Contra o quanto, ele lavorava em firmes, pelo mais pensável, não descumpria de praxe nenhuma. Determinou pessoal, para sono e sentinela, revezados. Onde perto de cada um dormindo, um parava acordado. Outros rondavam. Zé Bebelo, mesmo, ele não dormia? Sendo esse o segredo dele. Dava o ar de querer saber o mundo universo, administrava. (*GSV*, p.329)

Com a presença do Salústio como uma sombra sua, a desconfiança de Riobaldo foi num crescendo, "tinha perdido toda minha fiança". Até que uma hora ele se pôs a falar meio gaguejante, como um possuído, e se refere ao uru-cuiano e sugere coisas que afrontavam novamente Zé Bebelo. Este o mirou de frente e disparou, se impondo e chamando a sua atenção: "–Ao silêncio, Rio-baldo Tatarana! Eh, eu sou o Chefe!?...". Aí o herói disse que avistou os seus perigos, como se tivesse encontrado os próprios limites, as pernas pareciam "estremecer para amolecer" e perguntou para si mesmo se ele não se consti-tuía em sujeito bastante "para enfrentar a chefia de Zé Bebelo?". Ele desvia o seu olhar do chefe e foge dele. Mas procurou, antes, encontrar no outro o lugar, "pinta de lugar, titiquinha de lugar", onde poderia meter-lhe uma bala com um tiro certeiro, como só ele era capaz de fazer. Foi então que reencontrou a calma e ouviu a própria voz, como se fosse a de um outro, embora fosse a dele mesmo, uma espécie de desdobramento de sua pessoa que, anteriormente, havia por três vezes se afirmado, "Riobaldo, Riobaldo, Riobaldo!", mas só que dessa vez era a própria voz autonomizada que dizia: "–Pois é, Chefe. E eu sou nada, não sou nada, não sou nada... Não sou mesmo nada, nadinha de nada, de nada... Sou coisinha nenhuma, o senhor sabe? Sou o nada coisinha mesma nenhuma de nada, o menorzinho de todos. O senhor sabe? De nada. De nada... De nada..." (*GSV*, p.331). Agora ele se autoanulava inteiramente e reduzia-se a nada, porém saía também com a certeza de que havia estabelecido os limites entre eles, "eu havia marcado", de que um deveria levar em conta o outro e se preocupar com ele. Era assim que Riobaldo equacionava a situação:

> A um jeito de se escapar dali, a gente, a salvos? Zé Bebelo era a única possibi-lidade para isso, como constante pensava e repensava, obrava. E eu cri. Zé Bebelo, que gostava sempre de deixar primeiro tudo piorar bem, no complicado. Um gole de cachaça me deu bom conselho. Sem a vinda dos soldados – se viessem – a gente não estava perdidos? Zé Bebelo não era quem tinha chamado os soldados? Ah, mas, agora, Zé Bebelo não ia mais trair, não ia – e isso só por minha causa. Zé Bebelo carecia de rédeas de um outro diverso poder e forte sentir, que tomasse conta, desse rumo a ele. Assim eu estava sendo. Eu sabia. (*GSV*, p.336)

Ele reconhecia que Zé Bebelo reunia à força a inteligência, o poder de astúcia, coisa que ele não tinha, mas precisava aprender. E o que lhe trazia a calma era a consciência que tomava de que ele mesmo também se constituía num poder ou num contrapoder, um poder segundo, mas que punha limites ao poder do outro, e que o caminho a seguir seria a resultante da tensão entre ambos. Isto mudava o próprio estatuto do sujeito que ele era, agora sim ele passava a ser um sujeito inteiro, íntegro, à medida que o poder se tornava tam-bém uma parte constituinte de seu ser. Ele diz: "eu estava sendo", e tomava consciência disso, "Eu sabia".

Logo Riobaldo irá perceber que havia entrado num processo que não seria tão fácil parar. Ele sabia que havia se constituído num sujeito de fato, que agora era alguém, e, pela sua força ou seu poder de tiro, se reconhecia como "o tutor dele", do chefe, mas ainda era "o segundo". Todavia, dependendo do compor-tamento de Zé Bebelo, ele poderia ter de inverter as posições e ocupar o seu lugar e transformá-lo sim, o chefe, no seu segundo. Aí o herói reconheceu os seus limites de formação, a sua falta de poder de mando e autoridade, ou seja, da capacidade de conseguir transformar a sua vontade na vontade do outro: "eu não tinha o tato mestre, nem a confiança dos outros, nem o *cabedal* de um poder – *os poderes normais para mover nos homens a minha vontade*" (GSV, p.346-7, grifos meus). Riobaldo via nisso um vazio que não sabia como suprir, sem dizer da sua falta também de discurso e capacidade de persuasão, do poder de convencer o outro das suas razões, ele diz: "os homens não iam me obedecer, nem de me entender eles não eram capazes". Reconhecia as suas limitações e faltas, mas sabia que precisava superá-las e só não sabia como. Era isto agora que o inquietava e angustiava interiormente e o fazia admirar-se de si mesmo, estranhando-se e surpreendendo-se consigo, com o seu ser interior: "O que é que uma pessoa é, assim por detrás dos buracos dos ouvidos e dos olhos?". A angústia, porém, não o paralisava, "as pernas não estavam", ele tinha consciência de si, do que era e de suas virtualidades, "era eu ser tudo o que fosse para eu ser". Porém, apenas a destreza no tiro e a autoconsciência não bastavam para as urgências da situação; ele ainda tinha muito que aprender e se capacitar para se superar.

> Dele de perto não saí, a atenção e ordem ele recomendava. O cano de meu rifle era tutor dele? Antes de minha hora, no que ele mandasse opor e falasse eu não podia basear dúvidas. Mas, desde vez, aquilo a vir gastava as minhas forças. Ali – sem vontade, mas por mais do que todos saber – eu estava sendo o segundo. Andando que Zé Bebelo falecesse ou trastejasse, eu tinha de tomar assumida a chefia, e mandar e comandar? Outro fosse – eu não; Jesus e guia! É baixo, os homens não iam me obedecer; nem de me entender eles não eram capazes. Capaz de me entender e de me obedecer, nos casos, só mesmo Zé Bebelo. A jus – pensei – Zé Bebelo, somente, era que podia ser o meu segundo. Estúrdio, isso, nem eu não sabendo bem por quê, mas era preciso. Era; eu o motivo não sabendo. Se fiz de saber, foi pior. O que é que uma pessoa é, assim por detrás dos buracos dos ouvidos e dos olhos? Mas as pernas não estavam. Ah, fiquei de angústias. O medo resiste por si, em muitas formas. Só o que restava para mim, para me espiritar – era eu ser tudo o que fosse para eu ser, no tempo daquelas horas. Minha mão, meu rifle. As coisas que eu tinha de ensinar à minha inteligência. (GSV, p.337)[5]

---

5 Um comentário de Brachtendorf sobre a leitura de Heidegger da questão do sujeito em Santo Agostinho pode nos dar algum subsídio para compreendermos essa preocupação consigo mesmo de Riobaldo, de caráter também existencial, entre *a angústia* e *o medo*, e o processo identitário vivido por ele: "Segundo Heidegger, é sobretudo pela angústia que o *Dasein* [a existência] é arrancado de sua orientação segundo coisas disponíveis e lançado de volta ao fato de que ele é e tem de ser si mesmo. Na angústia, o *Dasein* se abre de maneira privilegiada. É preciso distinguir a angústia do medo, pois enquanto este se dirige a um ente concreto, intramundano, aquela põe em questão o ser-no-mundo como

A hora da razão prática

Uma vez encaminhada a situação com a chegada dos soldados e o compromisso de trégua firmado com o bando do Hermógenes, abriu-se um espaço de reflexão para Riobaldo. Guerreavam, e ele perguntava não só pela razão da guerra, que estava dada, a morte de Joca Ramiro à traição, mas também pelo seu sentido, onde queriam chegar além da vingança? Ele reconhecia o ódio que movia Diadorim e como Zé Bebelo se transformava em seu instrumento de execução; porém, e ele? Fazia a si mesmo uma pergunta enfática: "eu – eu, mesmo eu"? Ele se sabia diferente do Hermógenes, porém, comparando, o era também de Zé Bebelo; a sua razão não se satisfazia, como para o chefe, com o "útil, o seco, e a pressa".

> O ódio de Diadorim forjava as formas do falso. Ódio a se mexer, *em certo e justo, para ser, era o meu*; mas, na dita ocasião, eu daquilo sabia só a ignorância. À toa, até, eu estava relembrando o Hermógenes. Assim, pensando no Hermógenes – só por precisão de com alguém me comparar. E, com Zé Bebelo, eu me comparar, mais eu não podia. Agora, Zé Bebelo, eu – eu, mesmo eu – era quem estava botando debaixo de julgamento. Isso ele soubesse? Ah, naquela cabeça grande, o que Zé Bebelo pensava era o útil, o seco, e a pressa. (*GSV*, p.343, grifo meu)

Enquanto Diadorim era movido por um ódio que só encontrava sentido em si mesmo, o que o fazia girar em falso, Riobaldo vivia um outro, "certo e justo", não conformista e que o inquietava. Zé Bebelo decidia e resolvia; porém, para Riobaldo ficavam ainda a dúvida e as perguntas: "Mandava a vontade de um, sabente de si. Zé Bebelo mandava, ele tinha os feios olhos de todo pensar. A gente preenchia. Menos eu; isto é – eu resguardava meu talvez". O que o incomodava agora não era apenas a possibilidade de traição de Zé Bebelo, de se combinar com os soldados e voltarem-se depois contra o próprio bando, mas a razão moral, o valor e o sentido de tudo aquilo, que ele sabia não ser uma luta entre bons e maus, justos e injustos, mas uma luta entre homens iguais, de jagunço contra jagunço. Assim ele se via entrando num redemoinho sem fim de hostilidades recíprocas entre iguais, "guerras e guerras". Quando o embaixador do bando do Hermógenes veio propor a eles uma trégua e Riobaldo reconheceu

---

tal e, com isso, põe em relevo o *Dasein* como um *Dasein* que tem de se realizar como ser-no-mundo. A angústia isola o *Dasein*, resgata-o da queda no impessoal e lhe torna evidente a propriedade como possibilidade de seu ser" (Brachtendorf, 2012, p.234).

nele, no Rodrigues Peludo, os mesmos valores de valentia e lealdade que norteavam os de seu grupo, isso levantou nele algumas dúvidas que tocavam na natureza mesma de suas ações e de seu próprio ser, jagunço:

> Mas, de tudo seja, também, o que gravei, aí, desse Rodrigues Peludo, foi um ter-tem de existidas lealdades. Assim que, inimigo, persistia só inimigo, surunganga; mas enxuto e comparado, contra-homem sem o desleixo de si. E que podia conceber sua outra razão, também. Assim que, então, os de lá – os judas – não deviam de ser somente os cachorros endoidecidos; mas, em tanto, *pessoas feito nós, jagunços em situação*. Revés – que, por resgate da morte de Joca Ramiro, a terrível que fosse, agora se ia gastar o tempo inteiro em guerras e guerras, morrendo, matando, aos cinco, aos seis, aos dez, os homens todos mais valentes do sertão? *Uma poeira dessa dúvida empoou minha ideia – como a areia que a mais fininha há.* (GSV, p.341-2, grifos meus)

Havia isso, *a razão moral e o sentido das coisas*, porém havia também a circunstância, "jagunços em situação", quer dizer, poderia ser que não tivessem nascido jagunços e sim se feito jagunços. E era essa a ocasião que testaria o poder de chefia e decisão de cada um, e o que decidiria o embate entre ele e Zé Bebelo. Riobaldo oscila e hesita, desconfia de si mesmo e de sua capacidade de mando e autoridade, de transformar a sua vontade na vontade do outro: "Ali eu era o indêz? Noção eu nem acertava, de reger; eu não tinha o tato mestre, nem a confiança dos outros, nem o cabedal de um poder – os poderes normais para mover nos homens a minha vontade". E reconhece a sua nulidade, "o indez", no domínio de certas artes para o mando e a chefia, exclusivas de seu outro, não havendo nele disso nenhum traço: "Ali eu não tinha risco. Ali alguém ia me chamar de Senhor-meu-muito-rei? Ali nada eu não era, só a quietação. Conto os extremos? Só esperei por Zé Bebelo: –o que ele ia achar de fazer, ufano de si, de suas proezas, malazarte" (GSV, p.346-7).

Enquanto Riobaldo se preocupava apenas com eles na situação em que se encontravam, no que iriam fazer aqui e agora e se Zé Bebelo os trairia ou não, este procurava antes prever também o que os homens do Hermógenes e os soldados fariam. Quando o chefe lhe perguntou isso, o que ele achava que os da banda contrária iriam fazer, Riobaldo retrucou dizendo querer saber "o que é que a gente, agora vai fazer?". Aí Zé Bebelo procurou mostrar a ele o que poderiam estar fazendo os homens do Hermógenes para fugirem dos soldados e onde estes deveriam estar se postando para o combate. Era um quadro hipotético projetado pelo chefe, que estava muito além da visão curta e imediata do herói, e era a partir dessa sua capacidade de previsão que encontrava uma brecha por onde poderiam passar e escapar de um e outro. E Zé Bebelo disse estar na hora, quando anoitecia, de fazerem isso, "sem tardada", antes da saída da Lua que poderia denunciá-los na fuga.

Saindo para a escapada, Riobaldo colocou para si mesmo o dilema, se perguntando quem é que teria vencido o embate entre ambos: se ele, que havia impedido Zé Bebelo de trair, ou este, cuja astúcia os havia salvo: "Ao que, já se estava no ponto. Anoitecido. A uma estrela se repicava, nos pretos altos, o que vi em virtude. A estrelinha, lume, lume. Assim – quem era que tinha podido mais? Zé Bebelo, ou eu? Será, quem era que tinha vencido?" (*GSV*, p.348). Foi a confissão de Zé Bebelo, abençoada pelo lume da estrela, que lhe deu a resposta. O chefe atribuía a si próprio um gesto de desprendimento e grandeza – o que revelava a sua autoestima elevada, mas também a baixa disposição para a autocrítica –, como de alguém que houvesse sacrificado os próprios projetos e interesses pela salvação do grupo. Porém, para Riobaldo, a confissão só vinha comprovar o acerto de suas desconfianças, pois estava mesmo no horizonte do chefe a possibilidade de traição. Dava empate o embate? Zé Bebelo comprovava o seu poder de chefia e astúcia, havia sido ele o mentor da trama que dera certo e o sujeito capaz de encontrar para eles uma saída e a salvação. Mas, para Riobaldo, crescia nele a consciência de si e da necessidade de se inverter a situação, de tornar-se ele *o primeiro* e assumir a chefia. Estava aprendendo e sendo, sentia a proteção da Lua e da Santa, mas parecia que dependia ainda de algum milagre para acabar a constituição de seu ser, justo o que procurará na hora do pacto:

> E Zé Bebelo, segredando comigo, espiou para trás, observou assim, pegando na minha mão: – "Riobaldo, escuta, botei fora minha ocasião última de engordar com o Governo e ganhar galardão na política..." Era verdade, e eu limpei o haver: ele estava pegando na mão do meu caráter. Aí, aclarava – era o fornido crescente – o azeite da lua. Andávamos. Saiba o senhor, pois saiba: no meio daquele luar, me lembrei de Nossa Senhora. (*GSV*, p.350)

Dava empate no embate, mas só por enquanto.

2
Entre o pacto e a nova aliança
O arcaico e o moderno, os malabarismos do *eu*

Ser no mundo

Assim que o bando de Zé Bebelo, em fuga, deixou a Fazenda dos Tucanos e se dirigiu ao noroeste, "rumo do norte. Desde o depois, o do poente", quer dizer, embrenhava-se no fundo do sertão e chegava às fronteiras do conhecido e do humano, o tema do *poder* foi logo colocado a Riobaldo. Aquilo que ficava oculto durante o combate e só emergia dos subterrâneos à consciência do herói, como um susto, nos seus entreveros com Zé Bebelo, agora era posto claramente a ele por Diadorim. Vinha de alguém que, de fora, percebia o que se lhe passava internamente e chamava a sua atenção, para que não temesse e tomasse a coragem de assumir o desafio. Pelo modo como o amigo colocava o problema e vinha sugerindo, parecia ser uma questão de medo ou coragem. Riobaldo, a princípio e por isso, reage mal, tenta fugir do dilema e apela para os argumentos costumeiros com que o evitava: não tinha a extração dos homens do mando, "eu era o contrário de um mandador", e a sua função no mundo era apenas a dos serviçais, aqueles carentes de discurso e de autoridade, "sem lábia ou possança nos outros", e se redefinia com ênfase: "Talento meu era só o aviável de uma boa pontaria ótima, em arma qualquer". Porém, entre os seus subterfúgios, só remoídos internamente e agora expostos ao interlocutor, ele demonstrava ser senhor de uma argúcia, que escapava aos que possuíam o poder que ele não tinha e tentavam moldar o mundo à sua vontade. Ele dizia que conhecia aquele universo do sertão, sabia da sua natureza feroz e de que tipo de relação se deveria estabelecer com ele, e fazia a seguinte consideração: "Rebulir com o sertão, como dono? Mas o sertão era para, aos poucos e poucos, se ir obedecendo a ele; não era para à força se compor". E o equiparava a um tigre, animal feroz que não deixava nunca se montar. Nessa relação de poder eu-mundo, os imperativos do indivíduo sufragavam diante das determinações do lugar particular, *o sertão*; e, pelas frestas, ele deixava entrever que era necessário antes de tudo o reconhecimento dos limites e das possibilidades de cada um, do mundo em questão e do sujeito que o afrontava; o que, para o herói, diante da enormidade da tarefa, significava quase uma rendição. Seria?

Para Riobaldo, esse era só um terceiro desafio, havia ainda anteriormente dois outros a serem enfrentados por ele: um primeiro, o de não se deixar confundir com Diadorim, pois ele era também um *outro*, como Zé Bebelo; e, um segundo, a necessidade de superar a si mesmo, mais importante ou, pelo menos, esse era o pressuposto para derrotar o Hermógenes e vingar Joca Ramiro. A vingança era o elemento primordial de Diadorim, porém não o do herói; o que lhe interessava e era possivelmente a razão mais importante da busca do pacto, que estava sempre em seu horizonte, já tinha sido colocada na Fazenda dos Tucanos: ele precisava deixar de ser "o segundo" e, para isso, tinha antes de negar a si mesmo, muito do que era, das suas heranças, e se transformar num *outro*, sem porém se confundir com os seus *outros*, Diadorim e Zé Bebelo: quase um milagre. Para ele seria fácil se identificar inteiramente com o ódio do amigo ou assumir o espírito guerreiro de Zé Bebelo e deixar-se levar nessa missão de combate e vingança. Mas não era isso que queria, existia para ele também uma necessidade de afirmação e resgate de si e não simplesmente negar-se em tudo o que era.

Num momento conflituoso no qual o herói ameaçou deixar o bando, foi Diadorim que lhe disse direto, sem tergiversar, que ele fugia de si mesmo e do enfrentamento, o que lhe deixava supor o seu medo ou sua falta de coragem. Em seguida, ele retruca e expõe só interiormente as suas razões e fragilidades. Diadorim chega até ele e lhe diz, como uma convocação:

> – "Riobaldo, você pensa bem: você jurou vinga, você é leal. E eu nunca imaginei um desenlace assim, de nossa amizade..." – ele botou-se adiante. "Riobaldo, põe tento no que estou pedindo: tu fica! E tem o que eu ainda não te disse, mas que, de uns tempos, é meu pressentir: *que você pode* – mas encobre; que, quando você mesmo quiser calcar firme as estribeiras, a guerra varia de figura..."

Arredei: – "Tu diz missa, Diadorim. Isso comigo não me toca..."

Da maneira, ele me tentava. Com baboseira, a prosável diguice, queria abrandar minha opinião. Então eu ia crer? *Então eu não me conhecia? Um com o meu retraimento, de nascença, deserdado de qualquer lábia ou possança nos outros– eu era o contrário de um mandador.* A pra, agora, achar de levantar em sanha todas as armas contra o Hermógenes e o Ricardão, aos instigares? Rebulir com o sertão, como dono? Mas o sertão era para, aos poucos e poucos, se ir obedecendo a ele; não era para à força se compor. Todos que mal montam no sertão só alcançam de reger em rédea por uns trechos; que sorrateiro o sertão vai virando tigre debaixo da sela. Eu sabia, eu via. Eu disse: nãozão! Me desinduzi. Talento meu era só o aviável de uma boa pontaria ótima, em arma qualquer. Ninguém nem mal me ouvia, achavam que eu era zureta ou impostor, ou vago em aluado. Mesmo eu não era capaz de falar a ponto. A conversa dos assuntos para mim mais importantes amolava o juízo dos outros, caceteava. Eu nunca tinha certeza de coisa nenhuma. (*GSV*, p.354, grifos meus)

O primeiro desafio Riobaldo já enfrentara, a seu modo, intempestivo, logo no início dessa passagem, após a saída da Fazenda dos Tucanos. Num momento em que se reaproximou de Diadorim, os afetos tomaram conta dele, "essas demasias do coração", e ele pensara até em dar-lhe um mimo que guardara com cuidado: a pedra de safira. Porém, o companheiro a recusou, por ver no ato a expressão de um sentimento de afeto que poderia amolecê-los e desviá--los da missão, "de cumprir a vingança". Ele provoca o herói, lembra-o de que deveria guardá-la para Otacília ou Nhorinhá, não sem antes sugerir que ele se guiava pelo medo e lhe pergunta como num desafio: "Riobaldo, você teme?". O herói deixa então claro ao companheiro que a busca da vingança não tinha nada de sagrado nem era uma razão suficiente para justificar uma vida, diz--lhe que "não é promessa a Deus, nem sermão de sacramento". Ele continua e expressa a sua insatisfação, diz que isso só os reafirmaria nessa vida de matanças que vinham levando e na condição de jagunços. Foi então que Riobaldo lhe disse que, quando chegarem ao Currais-do-Padre, para onde se dirigiam a fim de pegar os cavalos deixados lá por Medeiro Vaz, ele escolheria um para si e deixaria o grupo e se iria embora: "Eu viro minha boa volta... [...] E trovejo no mundo...".

Pouco depois, foi de Zé Bebelo que ele procurou se distinguir, e retomou o que já fazia desde a casa dos Tucanos. Ele deixa claro para si as diferenças entre eles, afirma que o chefe era da guerra, a tinha como um fim em si mesma, nela estava em seu elemento e não queria o seu término; enquanto que ele olhava para o alto, para o xadrez composto e integrador do céu, repartido de contrários, pretos e brancos, urubus e nuvens, coisas baixas e altas, feias e belas, mas, ao contrário da guerra, era uma fonte doadora de bens aos homens. Ele então o descreve como se fosse no momento mesmo em que recebia as suas doações abençoadas, neste belo verso povoado de *as*, onomatopeias reverberantes: "chuvas dadas, derramadas":

> Nem eu não queria arreliar Zé Bebelo. Mas, para mim, ele estava muito errado: pelos passos e movimentos, porque gostava prático da guerra, do que provava um muito forte prazer; e por isso não tinha boa razão para um resultado final. Assim achei, espiando o alto céu, que é com as nuvens e os urubus repartido. Deponho: de que é que aquilo me adiantava? E chuvas dadas, derramadas. (*GSV*, p.358)

As fronteiras

A passagem dos jagunços de Zé Bebelo pelo Pubo e Sucruiú, onde se encontram com uns homens que o herói narrador chama de "groteiros dum sertão, os catrumanos daquelas brenhas", mostra que tinham chegado ao extremo do conhecido, "lugares, que o nome não se soubesse", e que estavam, portanto, no "fundo do sertão", ele diz: "Nós estávamos em fundos fundos". Os "catrumanos" daquele lugar se encostavam nos limites do que se poderia considerar *humano*, "dando cria feito bichos, em socavas". Com isso, os homens do bando tinham atingido uma fronteira que lhes colocava, principalmente ao herói, alguns problemas que deveriam enfrentar. O primeiro, era o de negar ou reconhecer aquela realidade extrema, do lugar e dos homens: o isolamento em que existiam, o medo que tinham dos forasteiros e de gente, as vestimentas toscas, os gestos e modos de expressão, a linguagem ainda mais estropiada do que a deles próprios, jagunços, os usos e costumes arcaicos, as formas de pensamento e mentalidade que misturavam mais superstições e crendices além das que eles próprios já possuíam. Os detalhes grotescos que Riobaldo capta e descreve deles são sempre ilustrativos do todo de uma outra existência. Como a enumeração das armas que usavam, as quais lembram as dos primeiros jagunços seguidores do Antônio Conselheiro, como referidas por Euclides da Cunha: "que eram lazarinas, bocudas baludas, garruchas e bacamartes, escopetas e trabucão – peças de armas de outras idades [...] Um, zambo, troncudo, segurava somente um calaboca, mas devia de ser o braço terrível, no manobrar aquele cacete".[1] Isso, quanto ao plano da aparência e da vida material.

A mesma rusticidade encontravam também na mentalidade e na vida espiritual daqueles homens. Esta é muito bem representada quando um deles vem com uma moeda na palma da mão e a usa não como meio de pagamento, "como em paga por perdoamento", o que logo de início percebe o herói narrador, mas como algo cujo valor estava mais no próprio gesto de doação e amizade do que no objeto doado. Ela valia para ele como um presente ou agrado a Zé Bebelo. Este não a aceitou e pensou ter sido o seu também um gesto de "alta cortesia", pois ele, por sua vez, entendia o ato do catrumano como o pagamento por algo que não queria cobrar: não tê-los agredido ou hostilizado. Assim, para Zé Bebelo, a sua recusa era também uma cortesia. Mas ela desconcertou o catrumano, que devia tê-la visto mais como um descaso senão uma ofensa: "Mas Zé Bebelo, com alta cortesia, rejeitou aquele dinheiro, e o catrumano velho não bem entendeu, pelo que permaneceu um tempo, com ele ofertado na mão". Havia aí um descompasso entre um modo de pensar e outro, porém, antes, Riobaldo, apesar de compartilhar das mesmas concepções de Zé Bebelo, já tinha sido capaz de distinguir e revelar para si o engano em que incorriam, dado o desnível de mentalidades. A moeda, para o catrumano, não valia como meio de pagamento, pelo seu poder de compra de algo necessário, como valor de troca, nem de uso, já que o dinheiro, enquanto objeto, não tinha utilidade nenhuma. E nem também por algum valor em si, pela quantidade de prata que continha ou mesmo o valor histórico agregado, pelo fato de ser do tempo do Imperador. Para o catrumano, a moeda só tinha um valor simbólico que o próprio gesto lhe atribuía, o de uma doação gratuita de algo importante ou querido só para ele, como se fosse uma graça de uma parte de si, poderia ser um braço ou uma perna, que podia ofertar ao outro como sinal pacífico de amizade, sem a espera de qualquer retribuição: "A que era um dobrão de prata, antigo do Imperador, desses de novecentos e sessenta réis em cunho, mas que na Januária por ele dão dois mil réis, ainda com senhoriagem de valer até os dez, na capital". A apreciação que o catrumano fazia dela estava ainda aquém do "vale quanto pesa", pela quantidade de prata que continha ou pela antiguidade da moeda, mas no simples ato de doar algo bom ou belo para si a alguém,

---

1 Sobre essa presença subterrânea ou implícita de *Os Sertões*, de Euclides da Cunha, no *Grande sertão: veredas*, ver os importantes estudos a respeito dos professores Walnice Nogueira Galvão (1986; 2008; 2009) e Willi Bolle (2004).

como um gesto agraciador e pacificador, de modo que poderia ser tanto uma pedra qualquer, quanto uma preciosa.

O problema colocado agora era o de terem de se posicionar diante do que viam, compactuar ou não com o atraso daquela população desgarrada, talvez desde os inícios da colonização, como Riobaldo pensa consigo: "Nos tempos antigos, devia de ter sido assim". Um fato importante de se notar foi a reação que os mais fortes, pelas armas e astúcias, os jagunços do bando de Zé Bebelo, tiveram diante desses miseráveis. Na ocasião, os episódios de Canudos talvez fossem ainda um tanto recentes para eles, se entendendo que a ação do romance se passa nos anos 20 do século passado; pelas proporções que tomaram, deveriam reverberar nas suas lembranças, porém a reação deles foi muito diferente das tomadas pelas forças legais contra os seguidores de Antônio Conselheiro: de destruição de um modo de vida entendido como primitivo, selvagem, bárbaro, herético ou atrasado, como os antepassados já haviam feito com os indígenas. Uma reação foi a discurseira positivista, ilustrada e institucional de Zé Bebelo. Quando um dos do Pubo, reconhecendo seu *status* de "chefe cidadão", como o considerava, e a força e riqueza que ostentavam, "tantos agregados e pertences", pergunta-lhe de onde vinha e ele lhe responde nos termos de um discurso burocrático-jurídico, próprio do bacharelismo brasileiro, típico, mas não só, da Primeira República: "–'Ei, do Brasil, amigo!' – Zé Bebelo cantou resposta, alta graça. – 'Vim departir alçada e foro: outra lei – em cada esconso, nas toesas deste sertão...'". Um pouco adiante, frente à miséria do negrinho Guirigó, ele diria assim: "O que imponho é se educar e socorrer as infâncias deste sertão!". A reação, porém, do herói, depois de assumir a chefia, será outra, mais integrativa e afirmativa, ela saltará o fosso que o separava daqueles homens e, inclusive, de seus jagunços. Porém, precisaremos esperar a sua posse no comando do bando para conhecê-la. Só adiantando, o salto será dado pela ação decisiva e não pela discurseira, e ela será a grande "novidade" trazida pelo herói, Riobaldo.

O problema estava em não descer até o plano das misérias e crendices daqueles homens, como em alguns momentos acontecia ao próprio herói, nem tentar superá-las da forma como queria Zé Bebelo com o seu discurso. O que lhes competia, primeiro, talvez, fosse fazerem como os rastreadores João Vaqueiro, Suzarte e o Tipote, que davam o exemplo: ler o livro do mundo e reconhecer os sinais que nele já estavam inscritos e os novos que recebiam. Será esse mais ou menos o roteiro que levará Riobaldo até à graça que receberá de presente de seô Habão e ao pacto: uma no prego outra na ferradura, uma a Deus e outra ao diabo.

As ameaças dos infernos

Diante do que se mostrava só embrionário no Pubo e no Sucruiú, caso se proliferasse, Riobaldo oscila entre sucumbir àquela realidade infernal, "o inferno feio deste mundo", apelando para todas as rezas para se defender, e uma visão profética altamente esclarecedora do que estaria por vir. Para ele, seria um caos, do que Canudos teria sido só uma pequena amostra. Essa visão apocalíptica de Riobaldo era apoiada no dado empírico, no que tinham acabado de ver e vivenciar naqueles lugares, quase o de uma terra arrasada por miséria e pestes, e só a partir daí ele extrapolava, quer dizer, pela reflexão e no ritmo do caminhante com tempo para pensar, o herói levava aquilo às últimas consequências. De modo que seu fundo profético não era religioso, como uma antevisão da punição ou vingança de um Deus por alguma falta cometida, mas sim o resultado de uma visão profundamente social das diferenças e distâncias que separavam aqueles homens dos demais, inclusive de si mesmos, o que os impedia de se reunirem todos numa mesma igreja ou confraria. Era essa distância e desigualdade que possibilitavam também a formação da "horda" bárbara que ameaçaria as cidades, como a sua amena e civilizada Januária: "seguro que bebiam as cachaças inteirinhas da Januária".[2] Ele diz em conclusão:

> De homem que não possui nenhum poder nenhum, dinheiro nenhum, o senhor tenha medo! O que mais digo: convém nunca a gente entrar no meio de pessoas muito diferentes da gente. Mesmo que maldade própria não tenham, eles estão com vida cerrada no costume de si, o senhor é de externos, no sutil o senhor sofre perigos. Tem muitos recantos de muita pele de gente. Aprendi dos antigos. O que assenta justo é cada um fugir do que bem não se pertence. Parar o bom longe do ruim, o são longe do doente, o vivo longe do morto, o frio longe do quente, o rico longe do pobre. O senhor não descuide desse regulamento, e com as suas duas mãos o senhor puxe a rédea. [...] Aqueles catrumanos pedindo por maldição, como era que eu podia deixar de pensar neles? [...] E por que era que há de haver no mundo tantas qualidades de pessoas – uns já finos de sentir e proceder, acomodados na vida, tão pertos *de outros, que nem sabem de seu querer, nem da razão bruta do que por necessidades fazem e desfazem.* Por quê? Por sustos, para vigiação sem descanso, por castigos? E de repente aqueles homens podiam ser montão, montoeira, aos milhares mis e centos milhentos, vinham se desentocando

---

2 Nos moldes como Araripe Júnior prenunciava o levante do sertão contra o litoral.

e formando, do brenhal, enchiam os caminhos todos, tomavam conta das cidades. (*GSV*, p.367-8, grifo meu)

O que marcava a distância entre os homens do seu bando e aqueles, pelas observações do herói narrador, além das diferenças de acesso aos recursos materiais, por estes viverem ainda numa economia extrativa e de subsistência, não era também um fator racial, segundo o modo costumeiro de se pensar no país, por serem sertanejos curibocas, cafuzos, antigos quilombolas. Era, para Riobaldo, um fato cultural, de consciência de si e de suas determinações: "nem sabem de seu querer, nem da razão bruta do que por necessidades fazem e desfazem". Era justamente esse ganho de visão que Riobaldo tinha de si e da razão do outro que o distinguia e fazia dele mais do que um simples jagunço, na verdade, um *herói*. Era ele um sujeito, no seu modo de pensar, o oposto do jagunço, guiado pela força e violência. Para ele deveria ser o contrário, com a justiça cavalgando a força e dando a ela direção e sentido: "a força carregando nas costas a justiça". Além de uma compaixão ativa e não só contemplativa, que aspirava a ter os instrumentos da ação sensibilizada pelo próximo e interessada na sua mudança: "o alto poder existindo só para os braços da maior bondade". Isso o diferenciava tanto dos catrumanos, como inclusive de seus companheiros jagunços. Essa consciência e aspiração de justiça e piedade, quando todos só pensavam em vingança, "no estufo do calor vingante", porém, não vinha só para o seu bem, pois o desidentificava e isolava mais ainda. Ele diz na sua solidão:

> Nem me diga o senhor que não – aí foi que eu pensei o inferno feio deste mundo: *que nele não se pode ver a força carregando nas costas a justiça, e o alto poder existindo só para os braços da maior bondade.* Isso foi o que eu pensei, muito redoído, *no estufo do calor vingante.* [...] Porque os companheiros, indo cuidando de seu ramerrão comum, nenhum não punha tento dessas ideias. Então era só eu? Era. Eu, que estava mal invocado por aqueles catrumanos do sertão. Do fundo do sertão. O sertão: o senhor sabe. (*GSV*, p.368, grifos meus)

Apesar disso, das suas oscilações entre participar do universo comum de crendices e superstições e momentos de alta consciência, ele ainda se via ladeado por Zé Bebelo e Diadorim. O primeiro, do lado direito, como o homem do mando e da chefia, que o puxava e guiava para a guerra sem fim, e ele acatava o comando do "canoeiro mestre" e a guerra "para o sertão retroceder". E o segundo, do lado esquerdo, que o puxava para a vingança e o atraía a um amor cheio de riscos, que igualmente poderia perdê-lo. Eles eram como os seus dois demônios aliados e determinados, aos quais seguia e em quem se apoiava. Como deles, o herói também se diferenciava dos demais jagunços, que precisavam ser por eles guiados e cuidados como crianças. Porém, ficava-lhe ainda uma pergunta, que, na verdade, era uma certeza: a consciência da sua negatividade, de que ele só se definia pelo que não era, sabia o que não era, na verdade era alguém que ainda não era, apenas alguém a vir a ser, mas a ser o quê?

> Mas em tanto, então levantei o meu entender para Zé Bebelo – dele emprestei uma esperança, apreciei uma luz. Dei tino. Zé Bebelo, em testa, chefe como chefe, como executava nossa ida. Da marca de um homem solidado assim, que era sempre alvissareiro. Por ele eu crescia admiração, e que era estima e fiança, respeito era. Da pessoa dele, da grande cabeça dele, era só que podia se repor nossa guarda de amparo e completa proteção, eu via. Porque Zé Bebelo previa vir, cá em baixo, no escuro sertão, e, o que ele pensava, queria, e mandava: tal a guerra, por confrontação; e para o sertão retroceder, feito pusesse o sertão para trás! E era o que íamos realizar de fazer. Para mim, ele estava sendo feito o canoeiro mestre, com o remo na mão, no atravessar o rebelo dum rio cheio. – "Carece de ter coragem... Carece de ter muita coragem..." – eu relembrei. Eu tinha. Diadorim vindo do meu lado, rosável mocinho antigo, sofrido de tudo mas firme, duro de temporal, naquelas constâncias. Sei que amava, não amava? Os outros, os companheiros outros, semelhavam no rigor umas pobres infâncias na relega – que deles a gente precisasse de tomar conta. Com Zé Bebelo da minha mão direita, e Diadorim da minha banda esquerda: mas, eu, o que é que eu era? Eu ainda não era ainda. Se ia, se ia. O cavalo pombo de Zé Bebelo era o de mais armada vista, o maior de todos. Cavalo selado, montado, e muito mais adiante. Viajar! – mas de outras maneiras: transportar o sim desses horizontes! ..." (*GSV*, p.368-9)

Com isso, aqui se armava uma espécie de equação: no plano externo da vida dos homens no mundo, Riobaldo enfrentava uma realidade que precisava ser superada, a distância em tudo na qual viviam aqueles homens do Pubo e do Sucruiú; e, no seu plano interno, a necessidade de definição de si, o que e quem de fato ele era, pois ao se comparar a todos, só se via pela negativa, sabia o que não era: nem como Zé Bebelo ou Diadorim, nem como também os demais jagunços, e muito menos como os catrumanos. Mas quem ele era então afinal? Por enquanto, apenas alguém em busca de si e de ser, mas ser o que ou como quem? Na hora do pacto, portanto, o herói ainda é um sujeito em busca de si mesmo.

Na Coruja, entre o mistério do lugar e o mundo desencantado do seô Habão

Antes de chegar naquele lugar agourento e arruinado, "na Coruja, um retiro taperado", o bando se defrontou com o menino pretinho Guirigó, do Sucruiú, que trazia num saco os trastes roubados da casa do seô Abrão/Habão. O nome do menino, como a onomatopeia do canto de um pássaro rasteiro, resume o que ele afirmava de si, da sua plena nulidade, como ele próprio diz, de que "era que nem era ninguém, nem aceitava regra nenhuma devida do mundo, nem estava ali". Na verdade, era um exemplo extremo da miséria daqueles homens, que contrastava com o senhor da casa-grande que roubavam, seu Abrão, mas que na verdade se chamava Habão, senhor de muitas posses. De início ele era chamado de Abrão, que poderia remeter a Abraão, pela sua origem árabe, sírio-libanesa, ou judaica, nome comum às duas culturas, embora já tenhamos nos deparado no Curralinho com um Assis Wababa, negociante forte, pai da Rosa'uarda, que era assim referida, como "estranja, turca, eles todos turcos". Esse era um termo depreciativo que usavam no Brasil para designar os sírio-libaneses, principalmente, como "turcos", que recordava talvez as barbáries da ameaça otomana, como as pintava os cristãos, sem dúvida para encobrir as próprias, nas fronteiras europeias, no tempo da contrarreforma, das "descobertas" e da colonização.

A primeira vez que o seô Habão tinha sido mencionado foi pelo Teofrásio, ainda no Pubo, que aconselhava Zé Bebelo a tomar um caminho que evitava o Sucruiú e que ele passasse por um sítio "de um tal de seô Abrão, que era hospitaleiro". A hospitalidade era um dos predicados mais cultuados, embora nem sempre praticado, na vida tradicional brasileira, em que era comum as casas terem um quarto de hóspede. Depois, eles chegaram à casa-grande que tinha sido saqueada pelo povo do Sucruiú e ficávamos sabendo mais dele. Primeiro, o seu verdadeiro nome, que não era Abrão, mas Habão. Que poderia bem ser também uma corruptela de Abraão e corresponderia melhor ao tipo de pessoa que logo saberíamos ele ser, na sua essência, um *homo oeconomicus*: seô Habão, do verbo latino, *habere*, o *ter, haver*, no aumentativo do português, que o resumia a sua essência, como um homem de muito haver, de muitas posses. E temos dele mais duas informações importantes: uma, de ter um diploma de patente de capitão da Guarda Nacional do Império, com o seu verdadeiro nome, Habão, e tipo de título reservado aos membros mais ativos da nossa aristocracia rural, de grandes proprietários de terra e escravos. E, outra, de que possuía um oratório em sua casa, "que estava com suas poucas imagens e um toco para se acender, de vela benta [...] E nós, então, cada um depois dum, viemos ao quarto do oratório beijar a santa maior, que era no seu manto como uma boneca muito perfeita, que era a Minha Nossa Senhora Mãe de Todos" – possivelmente da Conceição, mas com um véu paganizado, como a grande árvore mãe fecundante e borbulhante de vida, a eritrina, "uma deusa", do conto "São Marcos", do *Sagarana*.[3] Esses dois fatos o aproximavam mais das famílias tradicionais brasileiras católicas e pareciam distanciá-lo da origem judaica ou de cristãos novos. O que o reduzia apenas à essência de seu próprio nome, Habão, como seu traço único distintivo: grande possuidor de riqueza, como o que o movia e pelo que era movido.

No entanto, como veremos, o encontro de Riobaldo com ele significará bem mais do que isso, naquele fim de mundo arcaico e agourento. Ele o será também com um espírito novo, o do capitalismo moderno, distinto do tradicional e senhorial, mais preocupado com a ostentação do patrimônio das casas-grandes e dos sobrados e o prestígio e poder que lhe traziam. O senso de riqueza de seô Habão, como veremos, estará mais voltado para a reprodução e acumulação próprias do capital, através da absorção de processos de produção mais racionais e modernos.[4] E isto se dará justamente num lugar agourento, cheio de prenúncios e mistérios, acentuados pelos termos e expressões usados pelo narrador. A "Coruja" ficava próxima a um brejão, resultante da confluência de duas veredas, as Veredas Mortas, e o encontro com o moderno se dará justamente num lugar no qual tudo levava a pensar no seu contrário. Foi nesse sítio, onde são ressaltados os sinais de preparação de Riobaldo para o pacto, que ele se deparará com seô Habão, um homem de um mundo desencantado, onde o mistério tinha sido reduzido a nada, ao quanto vale e quanto pesa. Ele ocorrerá também num terreno semeado de ambiguidades e num momento no qual toda a atenção do leitor está voltada para a preparação do herói para o pacto, atraída pelos sinais que a narrativa dissemina e indica:

---

3 O uso dessa denominação "Minha Nossa Senhora Mãe de Todos" generaliza e evita a particularização só cristã: "representações da deusa mãe (*Ur Mutter*) existiam em todos os cultos, desde a primitiva Úpis até a Virgem Maria" (Roudinesco, 2016, p.45).

4 Esse "espírito novo" do capitalismo já tinha sido esboçado por Guimarães num conto de *Sagarana*, "A volta do marido pródigo" (ver Roncari, 2004, p.39); ele reaparece em outras personagens já estudadas por mim em duas novelas de *Corpo de baile*: seô Amafra e Dobrandino, em "A estória de Lélio e Lina" (ver Roncari, 2004, p.155, e todo o item "A ordem perdida" do Capítulo 2 da Parte 2, p.193-7), e Nhô Gualberto Gaspar, em "Buriti" (ver Roncari, 2013, p.23). Porém, só aqui, na figura de seô Habão, ele terá um desenvolvimento maior e uma positividade que não apresentava anteriormente.

E ali, redizendo o que foi meu primeiro *pressentimento*, eu ponho: que era por minha *sina* o *lugar demarcado*, começo de um grande penar em *grandes pecados terríveis*. Ali eu não devia *nunca de me ter vindo; lá eu não devia de ter ficado*. Foi o que assim de leve eu mesmo me disse, no avistar o redondo daquilo, e a velhice da casa. Que mesmo como *coruja era – mas da orelhuda mais mor, de tristes gargalhadas*; porque a suindara é tão linda, nela tudo é cor que nem tem comparação nenhuma, por cima de riscas sedas de brancura. E *aquele situado lugar não desmentia nenhuma tristeza*. A vereda dele demorava uma aguinha chorada, demais. Até os buritis, mesmo, estavam presos. O que é que buriti diz? É: – **Eu sei e não sei**... Que é que boi diz: – **Me ensina o que eu sabia**... Bobice de todos. Só esta coisa o senhor guarde: meia légua dali, um outro córgo-vereda, parado sua água sem-cor por sobre de barro preto. Essas veredas eram duas, uma perto da outra; e logo depois, alargadas, formavam um tristonho brejão, tão fechado de moitas de plantas, tão apodrecido que em escuro: marimbús que não davam salvação. Elas tinham um nome conjunto – que eram as Veredas Mortas. O senhor guarde bem. No meio do cerrado, ah, no meio do cerrado, para a gente dividir de lá ir, por uma ou por outra, *se via uma encruzilhada. Agouro?* Eu creio no temor de certos pontos. Tem, onde o senhor encosta a palma da mão em terra, e sua mão treme pra trás ou é a terra que treme se abaixando. A gente joga um punhado dela nas costas – e ela esquenta: aquele chão gostaria de comer o senhor; e ele cheira a outrora... *Uma encruzilhada*, e pois! – o senhor vá guardando... Aí mire e veja: as **Veredas Mortas**... Ali eu tive limite certo. (*GSV*, p.378-9, grifos em itálico são meus; em negrito, do original)

Diante disso, com todos os alertas e as sugestões enigmáticas, como pensar em alguma coisa como o inesperado encontro com o prosaísmo do seô Habão? Pode-se dizer que a maior parte dos leitores, inclusive a crítica do autor, embarcou nessa armadilha criada por ele. Basta vermos o quanto se escreveu sobre o pacto e o pouco sobre esse encontro com o rico proprietário. Entre os encantos do mistério de um pacto com o diabo e o mundo desencantado do grande possuidor, o relato de Riobaldo vai tecendo um xadrez literário composto de pedras brancas e pretas, extremas, sem matizes medianos, mas que evita tanto a insipidez do realismo, quanto o fantasmagórico faustiano, porém poderia ser tanto um como outro. De modo que um episódio da tradição literária como o do pacto só poderá ser bem examinado e entendido se articulado com o outro mais moderno e prosaico, como o encontro com o novo espírito do capitalismo, quantitativo e numérico, que penetrava o sertão.

Para isso, alguns aspectos da chegada de seô Habao precisam ser bem observados. Ele vem com um empregado e trajado como um fazendeiro da época, impressiona bem Riobado, "tinha boa catadura", mas mais do que ele, vislumbrado rapidamente, o seu cavalo é descrito em detalhes. O herói narrador o acompanha na sua conversa com Zé Bebelo, e não perde alguns elementos importantes de seu comportamento, o seu modo de proprietário, "olhares de dono", pela forma como reparava em todas as coisas e procurava saber em que pé estavam. Ele mesmo adianta a Zé Bebelo que não carregava dinheiro bastante consigo e o convida a acompanhá-lo à sua fazenda sede, "à verdadeira sua fazenda grande que possuía, na vertente do Resplendor", onde poderia fornecer-lhe a ajuda "em espórtulas". Mas, o que Riobaldo conclui da conversa dos dois é "do profundo que o dinheiro para ele devia de ter valor. Por aí, vi que ele era adiantado sagaz", talvez uma forma de dizer que ele não dava ponto sem nó. Zé Bebelo recusa a proposta de auxílio e diz que os seus já se consideravam bem pagos pela estada em sua terra e posse do gado, que carneavam para se sustentar. Seô Habão diz que para ele o apoio dado era uma satisfação, mas mesmo assim gostaria de saber *o quanto* estavam consumindo de suas propriedades: "mas, como *por uma regra*, perguntou assim mesmo *quantas cabeças*, mais ou menos, a gente tinha consumido. Assim *ele dava balanço*, inquiria, e espiava *gerente para tudo*, como se até do céu, e do vento suão, *homem carecesse de cuidar comercial*" (grifos meus).

O que Riobaldo não deixou de observar, pelos termos usados para descrevê-lo, foi como o ponto de vista de seô Habão reduzia tudo ao econômico, números, ganhos e gastos, um tipo de cálculo comercial do qual não escapava nada, o que, para o herói, talvez incluísse mesmo os fenômenos cósmicos, "até do céu, e do vento suão". Enquanto Zé Bebelo, por seu lado, com muita consideração pela conversa com o grande proprietário e com o desejo de agradá-lo, procurava também se afirmar como chefe jagunço famoso; porém, seô Habão não se desviava de seus interesses pecuniários e utilitários. O escutava com respeito, mas, "devagarzinho pegava a fazer perguntas, com a ideia na lavoura, nos trabalhos perdidos daquele ano, por desando das chuvas e do sol grave, e das doenças sucedidas". Outra conclusão de Riobaldo, diante da fixidez e definição do ponto de vista econômico de seô Habão, foi a de que o fazendeiro era "sujeito da terra definitivo", e que jagunço não passava de um homem muito provisório. Como se os primeiros fossem os sedentários, homens de raiz, e eles não passassem de uns nômades sem futuro. Assim ele usa uma imagem expressiva para caracterizar o proprietário na sua fixidez, como "um toco de pau, que não se destorce, fincado sempre para o seu arrumo", que se preocupava só com assuntos triviais, mas cuidava deles com uma força "de boi-de--coice", daquele que fica no final da junta e aguenta todo tranco dos demais.

O que obrigava Zé Bebelo a abandonar as suas prosas jagunças e entrar nos assuntos do outro, utilitários e práticos. O herói narrador com isso percebe muito bem o poder e a força daquela perspectiva, que, no final, significaria para eles a perda da vida aventureira e jagunça, e ele conclui: "seô Habão, era para se querer longe da gente; ou, pois, então, que logo se exigisse e deportasse. Do contrário, não tinha sincero jeito possível: porque ele era de raça tão persistente, no diverso da nossa, que somente a estância dele, em frente, já media, conferia e reprovava".

Riobaldo sentiu a força de atração daquele homem e procurou se aproximar dele e puxar conversa. Percebeu que, sem querer, tentava agradá-lo também, tocando em assuntos que o dignificavam, como o título de capitão da Guarda Nacional, cujo diploma ele havia encontrado e guardado dentro do oratório da casa do Valado. Mas seô Habão fez pouco caso disso e voltou aos números e assuntos práticos, e disse que a peste da bexiga no Sucruiú já havia terminado e que havia morrido "só dezoito pessoas...", como se fosse um número de homens quase insignificante. Poucas vidas, pois o que lhe interessava e importava mesmo eram os estragos que podiam ter sofrido as roças, como os canaviais, e revelou a ele os seus projetos para o Sucruiú e os homens do lugar. O fato revelava a maior importância que ele dava às coisas do que aos homens, o que faz Riobaldo inferir que ele poderia incluir todos do sertão, até eles: "Disse que ia botar os do Sucruiú para o corte da cana e fazeção de rapadura. Ao que a rapadura havia de ser para vender para eles do Sucruiú, mesmo, que depois pagavam com trabalhos redobrados". Era esse o projeto moderno do proprietário, exposto do modo mais cru, como o de um manual marxista: a terra e os homens eram para ele simples fatores de produção e mercado consumidor, dito a seco, sem nenhum encobrimento ideológico, como os possíveis benefícios que poderiam ser trazidos pelas oportunidades de trabalho e mercadorias novas. E o herói percebe e se ressente disso: "De ouvir ele acrescentar assim, com a mesma voz, sem calor nenhum, deu em mim, de repente, foram umas nervosias". Riobaldo então extrapola e percebe que o que seria feito com os homens do Sucruiú poderia ser também com eles, e personaliza: com ele, Zé Bebelo, Diadorim. Primeiro, iria reduzi-los a "jornaleiros dele", mas, depois, radicaliza, vê que ele "precisava de todos como escravos", o que seria o resultado último do mais moderno, o de fazê--los retroceder ao mais arcaico.

Porém, creio que o mais importante a notar seria que o herói, diante da frieza do proprietário ou da sua inconsciência de tudo o que implicava o que dizia, "Não sei se ele sabia que queria", ele, Riobaldo, "não tivesse raiva daquele seô Habão". Pois o vê como uma cobra igual à jiboia, constritora, mas sem veneno. Quem se empolgou com as palavras de progresso e desenvolvimento econômico do fazendeiro foi Zé Bebelo, que o recobriu com o seu discurso político-ideológico do *desenvolvimentismo agrário*, que dominou o país na Primeira República:

> [...] a alegria dele era uma recontada repetição, um condescendido: vinte, trinta carros de milho, ah, os mil alqueires de arroz... Zé Bebelo, que esses projetos ouvisse, ligeiro logo era capaz de ficar cheio de influência: exclamar que assim era assim mesmo, para se transformar aquele sertão inteiro do interior, com benfeitorias, para um bom Governo, para esse ô-Brasil! (*GSV*, p.392)

Todavia, diante da euforia nacional e política do chefe, o herói diz que "seô Habão, esse não se entusiasmava", só continuava pensando nas vantagens econômicas que poderia tirar para si próprio, privadamente. O que isso nos mostrava, era como ele estava ainda um passo além, pois já havia, na perspectiva do moderno, separado o cálculo econômico do político e deixava o último para uma outra categoria de homens, como Zé Bebelo, de quem saberia se aproveitar como instrumento de seus interesses. O modo do narrado fixa isso, a separação do ponto de vista econômico do político, por um lado, e, por outro, capta o movimento que se processava no âmbito da camada dominante brasileira, o de substituição de um tipo de homens por outro. Isso Riobaldo aprende e confirma, quando se refere sobre o seu padrinho ao seô Habão como "Coronel Selorico Mendes", dizendo ser ele também um grande proprietário, "mais fornecido de renome e avultado em posses". Ao contrário do que esperava, o seu interlocutor parece não se importar muito com a referência; foi aí então que Riobaldo compreendeu que, apesar de igualmente grandes proprietários, eram outros tipos de homens e "a estirpe daquele seô Habão" viesse não só para substituir a de seu padrinho, mas também tirar deles "tudo aquilo de que era dono" e reduzi-los à miséria. Diferentemente dos antigos patriarcas que combinavam o mando político e o prestígio social com o poder econômico, assim era Joca Ramiro, Medeiro Vaz e pretendia ser Selorico Mendes, os novos, como seô Habão, se especializavam e se concentravam por inteiro nos seus negócios privados, com o que poderiam fazer isso melhor, e firmavam novas alianças com os homens melhor adaptados para a política e a força militar. Aqui se reproduz, de certo modo, o tema do romance de 1930, o movimento político-social decorrente da substituição do banguê pela usina no Nordeste, e aproxima seô Habão do Paulo Honório, do *São Bernardo*. Porém, com um passo à frente, a especialização e concentração dele no cálculo econômico e utilitário, o que não se dava com a personagem de Graciliano Ramos, que procurava ele próprio estender o seu mando também para a política.

Seô Habão, o segundo encontro

Entre o primeiro e o segundo encontro do herói com o fazendeiro, houve a tentativa do pacto, como se o apelo mágico mais arcaico fosse emoldurado por esses dois mais modernos com o espírito novo, ou melhor, iluminado por eles. Se tentarmos compreender um sem o outro, não sairemos nunca da armadilha da metafísica, da possibilidade de ter havido ou não o contato com forças transcendentes, por um lado, e, por outro, da lógica da causalidade do realismo do romance de 1930, que eliminaria esse tipo de ambiguidade. Guimarães Rosa evitou as duas possibilidades redutoras, e foi hábil bastante para explorar literariamente o impacto do choque das duas que se faziam igualmente presentes numa determinada região e na cabeça dos seus homens, como fatos de mentalidades. É justamente isso que abre um campo para a riqueza expressiva que dá maior densidade literária e conceitual ao texto.

Do ponto de vista do herói narrador e de sua experiência jagunço-sertaneja, apesar das letras que tinha, essas possibilidades existiam ou, no mínimo, geravam alguma dúvida, por isso não havia porque não relatá-las, como se não tivessem peso nas decisões e ações dos homens. Mas, do ponto de vista do autor, que arquiteta o texto na sua perspectiva construtiva, toda a montagem da passagem foi feita chamando a atenção para o pacto, como se fosse ele a culminância que definiria o processo de metamorfose do herói, até a transferência do poder de Zé Bebelo a ele. Foi a mesma tática diversionista utilizada no episódio da Fazenda dos Tucanos, que tinha em vista também distrair a atenção do leitor e não encaminhá-la para o significado e a importância dos acontecimentos realmente definidores para o ulterior desenvolvimento do romance. O que é razoável para quem tem em vista mais a verdade expressivo-literária aparente, o estético do relato, sem abdicar do seu suporte necessário no movimento do real dos eventos; no entanto, há um encadeamento mais profundo entre os dois encontros com seô Habão que precisa também ser bem compreendido.

De fato, quando Riobaldo retorna ao acampamento, depois da tentativa aparentemente frustrada do pacto, tivesse ele ocorrido ou não, com certeza o herói havia mudado. Ele manifesta todos os sintomas de quem tinha sofrido um tipo de possessão que o transformava. Ele tinha procurado algo miraculoso que o fizesse se superar e estava seguro de que precisava disso, e não só para pactuar-se e ter a força de derrotar o Hermógenes. Alguma coisa de fato havia acontecido, se não externamente, no espaço propício da encruzilhada, ela se deu nos internos de seu ser, como por milagre, de tal modo que, quando deixou o lugar, ele já não era mais ele. O que tinha se passado internamente só é sugerido por uma série de imagens onírico-psicanalíticas, como quando diz: "Lembrei dum rio que viesse adentro a casa de meu pai", ele, que pouco sabia de seu pai, o que era para ele mais uma falta, um vazio, um nada, e que vinha agora a ser preenchido por um rio, como uma fluência ou corrente de algo no que lhe era ausência. Talvez igual aquele outro rio com o qual comparara Diadorim, quando disse: "Diadorim, esse, o senhor sabe como um rio é bravo?". O rio, que na antiguidade greco-romana, repertório de referências muito utilizado pelo autor, era representado por um touro e a sua ambiguidade, devido à força fecundante de seu húmus e a destrutiva das suas enchentes. Ou então, que o herói tivesse sido esvaziado de sua interioridade e fosse reduzido à aparência e passasse a ser o que era; caído na real, só era agora o que era, o legado materno, as faltas: "Mas como que já estivesse rendido de avesso, de meus íntimos esvaziado", "Porque a noite tinha de fazer para mim um corpo de mãe", a noite que põe fim aos perfis externos das coisas e remete a todos a sua interioridade, que seria então para ele outro vazio, um vazio no vazio, próximo do nada, como a coivara que limpa o terreno para um novo plantio. Essa metamorfose que ele sofria e estranhava o revelava a ele mesmo, "'Posso me esconder de mim?...'", e o seu outro emergia como se tivesse sido incorporado a si, o chefe Zé Bebelo, cujas qualidades e discursos ele passa a mimetizar. A impressão que se tem é a de que ele se transformava numa tripa vazia preenchida como uma linguiça pelas qualidades e pelos atributos de seu outro:

> Sabendo que, de lá em diante, jamais nunca eu não sonhei mais, nem pudesse, aquele jogo fácil de costume, que de primeiro antecipava meus dias e noites, perdi pago. Isso era um sinal? Porque os prazos principiavam... E, o que eu fazia, *era que eu pensava sem querer, o pensar de novidades. Tudo agora reluzia com clareza, ocupando minhas ideias,* e de tantas coisas passadas diversas eu inventava lembrança, de fatos esquecidos em muito remoto, neles eu topava outra razão; sem nem que fosse por minha própria vontade. Até eu não puxava por isso, *e pensava o qual, assim mesmo, quase sem esbarrar, o todo tempo. (GSV,* p.400)

Ele tinha agora o poder de pensamento, ideias e visão de Zé Bebelo. Quando os companheiros notam a sua euforia e reparam como estava falante, ele parodia a falação do chefe, misturando no mesmo discurso ambivalente coisas sérias e jocosas, pois ele já estava avançando para destroná-lo, cujo lugar se preparava para assumir e transformá-lo no seu segundo, como afirma pouco adiante: "eu naquela hora achava Zé Bebelo inferior". Os homens do bando estranham e não entendem de imediato a imitação caricata que fazia do chefe, mas, quando se convencem de que ele troçava, se descontraem e caem no riso:

> Eu estava, com efeito, relatando mediante certos floreados umas passagens de meus tempos, e depois descrevendo, por diversão, os benefícios que os grados do Governo podiam desempenhar, remediando o sertão do desdeixo. E, nesse falar, eu repetia os ditos vezeiros de Zé Bebelo em tantos discursos. Mas, o que eu pelejava era para afetar, por imitação de troça, os sestros de Zé Bebelo. E eles, os companheiros, não me entendiam. Tanto, que, foi só entenderem, e logo pegaram a rir. Aí riam, de miséria melhorada. (*GSV*, p.400-1)

O que a procura consciente e a tentativa do pacto lhe tinham possibilitado foi uma espécie de superação de si, com a incorporação de seu outro, Zé Bebelo, e, ao mesmo tempo, a sua negação, que há tempos já vinha questionando. Esse processo todo era interno e psicológico, independente da intervenção demoníaca externa, e era a condição necessária para efetivar-se objetivamente, na ação. Isso dava a Riobaldo definição, clareza e confiança, capacidade de mando e autoridade, atitudes que os companheiros estranham de início, ficam ressabiados, parecia coisa de um possuído, "Eu queria rixar? [...] o costume meu nunca tinha sido esse", e os que melhor pressentem e reagem a ele são os cavalos. Não tem bicho que pressinta melhor o que se passa no entorno e com o cavaleiro, como as ameaças, os medos, as intenções maldosas, uma espécie de faro que nem os cães possuem. Quando trazem a tropa e ele entra no meio dela e causa um rebuliço, ele não tem dúvida: "era de mim que eles estavam espantados". E ele os doma e controla apelando para o nome do diabo: "Barzabú! Aquieta, cambada!". Ele apela ao demo e mostra o seu poder e os cavalos se aquietam e aceitam a sua presença. É nessa hora que chega o seô Habão, acompanhado de três outros homens, e ele repara o que se passa com Riobaldo e exclama com a pergunta: "–'Tu sendo peão amansador domador?!'". Porém, quem responde e comprova o que ele perguntava foi o seu próprio cavalo, que o herói já havia cobiçado, e agora se ajoelha diante dele e lhe presta reverência como um cortesão, lembrando um cavalo de circo, o que, como narrador, jura que foi verdade:

E o animal dele, o gateado formoso, deu que veio se esbarrar ante mim. Foi o seô Habão saltando em apeio, e ele se empinou: de dobrar os jarretes e o rabo no chão; o cabresto, solto da mão do dono, chicoteou alto no ar. – "Barzabú!" – xinguei. E o cavalão, lão, lão, pôs pernas para adiante e o corpo para trás, como onça fêmea no cio mor. Me obedecia. Isto, juro ao senhor: é fato de verdade. (*GSV*, p.405)

Seô Habão, pela reação dos cavalos e, agora, de sua própria montaria, percebe de imediato o significado do ocorrido; isso permite a Riobaldo atribuir essa percepção à sua venalidade e tira dela uma conclusão não só mais geral, como também de que o proprietário tinha intuído disso algo que se passava em camadas mais profundas: *de que o poder ali também se deslocava*. O seô Habão havia percebido que além da ascendência do herói sobre os cavalos, ele a exercia também sobre os homens do bando e que ela ia muito além da capacidade de chefia de Zé Bebelo. Ele intui o futuro e antecipa uma aliança com uma dádiva ao herói, a do próprio cavalo, que é também motivo para uma intriga. O herói narrador diz, um "dom de tanto quilate tinha de ser para o Chefe", e será isso que precipitará algo que já estava se processando e em vias de acontecer. Sem hesitar, "Ele não gaguejou", o seô Habão diz a Riobaldo: "– 'Se este praz ao senhor. Se ele praz ao senhor... Lhe dou, amigavelmente, com bom agrado: assim como ele está, moço, ele é seu'". Foi essa doação que firmou a aliança entre o herói, como o novo representante da força político-militar jagunça do sertão, com o interesse pecuniário e comercial de seô Habão. Foi um ato inesperado, para Riobaldo, mas não inteiramente gratuito como devem ser os atos de doação, para o outro. Ele realizava algo que estava nos seus projetos e interesses, ele tinha os olhos no futuro, como devem ser a perspectiva e a política do capital, que precisa constantemente se movimentar para se reproduzir; disso começava a tomar consciência o herói narrador, que confessa depois: "Mas eu acho que, homem só vendido ao dinheiro e ao ganho, às vezes são os que percebem primeiro o atiço real das coisas, com a ligeireza mais sutil". Ele não atinava com tudo por inteiro, no momento só desconfiava.

Não acreditei? Reafirmo ao senhor: meu coração não pulsou dúvidas. Agradeci, com meu brio; peguei a ponta do cabresto. Agora, daquela hora, era meu o cavalo grande, com suas manchas e riscas – ah, como ele pisava peso no chão, e como ocupava tão grande lugar! Até passeei um carinho nas faces dele, e pela tábua do pescoço a fora. Meu o bicho era, por posse, e assim revestido, conforme estava – que era com um socadinho bom, com caçambas de pau. Mas sendo que, dividido o instante, eu já ali pensei: por que seria que o seô Habão se engraçava de me presentear de repente com uma prenda dum valor desse, eu que não era amigo nem parente dele, que não me devia obrigação, quase que nem me conhecia? *Aos que projetos ele engenhava em sua mente, que possança minha ele adivinhava?* A pois, fosse. Aquele homem me temia? Da admiração de meu povo todo, dei fé, borborinho com que me rodeavam. Certo, deviam de estar com invejas. Fosse! E a mãe!... *A primeira coisa, que um para ser alto nesta vida tem de aprender, é topar firme as invejas dos outros restantes...* Me rejo, me calejo! Só por causa daquele cavalo, até, eu fui ficando mais e mais, enfrentava. Não me riram. (*GSV*, p.406, grifos meus)

Se o pacto podia ter acontecido ou não, a nova aliança ocorreu. Os demais jagunços do bando, caçoando, sugerem a ele que desse o nome ao cavalo de "Barzabú", o que ele recusa e diz que era "*o cavalo Siruiz!...*", como uma homenagem e lembrança do companheiro que cantara a canção que falava de seu destino, e que estava em vias de se realizar. A partir daí ele já era o chefe, só faltava formalizar. Zé Bebelo, em vez de se ressentir de ter sido preterido no presente do cavalo em prol de seu subordinado, reconhece o seu merecimento e lhe diz: "Tal te fica bem, Professor"; o herói ordena ao Fafafa que tratasse e cuidasse do cavalo; Riobaldo demonstra segurança e não ter medo, dá as costas a Zé Bebelo, que poderia matá-lo, e se sente no meio jagunço, como afirma, "forro, glorial, assegurado"; nessa hora chega ao acampamento João Goanhá e seus homens. Então tudo se precipita, até que o herói se aproveita da oportunidade, como se a vinda daquele chefe colocasse a questão do comando entre ele e Zé Bebelo, e pergunta a todos, num desafio: "– 'Ah, agora quem aqui é que é o Chefe?'". Pois tanto poderia ser Zé Bebelo como João Goanhá. E ele volta a perguntar: "– 'Agora quem é que é o Chefe?'", e repete, enfático e exclamando "– 'Quem é que é o Chefe?!'". Isso provoca uma situação confusa e fica um clima malparado entre todos. Nenhum deles se apresenta e ele conclui para si mesmo: "porque o Chefe já era eu". Mesmo assim tenta repetir a pergunta, "– 'Quem é qu'...'", mas não a conclui. Ele pressente que dois dos companheiros jagunços, Rasga-em-Baixo e seu irmão, José Felix, pareciam rosnar e não gostar do desenrolar da situação, e ele não espera para se certificar, com a sua boa pontaria mata um e depois o outro. Um se fartou no chão, "sem alma nenhuma dentro", e o outro, "livrou o ar de sua pessoa". Depois de mostrar a sua força com o seu poder de morte, ele só começa a repor a pergunta: "– ...é o Chefe?!", quando todos, desde Diadorim, igual a uma onça brava, "jaguarando", "veio marechal", e mesmo o João Goanhá, começaram a se alinhar ao lado dele como resposta à pergunta. Os principais o ladearam, de modo que não ficava a Zé Bebelo outra saída a não ser reconhecer e aclamar: "– 'A rente, Riobaldo! Tu o chefe, chefe, é: tu o chefe fica sendo... Ao que vale! ...'"

No meio, o pacto

Numa das primeiras entrevistas de Guimarães Rosa, dada a Ascendino Leite, ainda em 1946, depois do impacto causado nos meios literários pela publicação de *Sagarana*, e a uma pergunta sobre os seus traços *regionalistas*, ele respondeu:

> Saudade da terra: cinquenta por cento. A distância física aproxima de nós as coisas, as pessoas e os lugares ausentes. Depois, cada um deve falar do que conhece melhor naturalmente. E, ainda, naquela ocasião eu achava que, não podendo compor fábulas só com animais, que são "retilíneos", talvez valesse mais a pena pôr palco para os personagens capiaus, menos uniformizados, mais sem "pose", mais inconvencionais que a gente do asfalto. Com eles, no seu *habitat*, pode-se deixar solta a poesia, sem prejuízo do realismo. Há menor quantidade de matéria "isolante", que nas histórias citadinas obriga a gente, a bem da naturalidade e da verossimilhança, a gastar muita página boba. E há a natureza, que não é cenário, mas sim personagem. Na cidade, a natureza exterior também representa, mas de modo quase invisível. Na roça, o diabo ainda existe. Já fiz pequenos pactos provisórios, com o dito. Se eu tivesse morrido três meses depois, estava frito... (Lima, 1997, p.53-4)

Esta passagem é bastante citada e explorada pela crítica, mas gostaria ainda de ressaltar dela alguns aspectos. A meu ver, Guimarães está dizendo que aos homens do campo e certamente também a ele, ainda que em menor grau, a possibilidade do mágico pertencia às suas experiências pessoais da vida sertaneja, sem o artificialismo dos escritores que vinham de fora para falar do que não era das suas vivências, mas algo extraordinário, e, para ele, cada um devia "falar do que conhece melhor *naturalmente*". Diz também que a sua perspectiva era literária e tinha algo de fantasia e ensinamento moral, "fábulas", além de ter em vista a complexidade, "não podendo compor fábulas só com animais, que são 'retilíneos'" – possivelmente, mais previsíveis do que o bicho humano, prenhe de ambiguidades. Depois, diz que falaria dos "capiaus", da gente do sertão, quase seres entre os animais e os homens, pelo menos mais próximos da natureza, "menos uniformizados, mais sem 'pose', mais inconvencionais que a gente do asfalto"; por isso, certamente, mais capazes de surpresas. Fala também que nesse meio, "na roça", a poesia era mais possível, encontrava menos limites, "Pode-se deixar solta a poesia", porém, "sem prejuízo do realismo"; em outros termos, não tão reduzida à "verossimilhança" naturalista e ao prosaísmo da cotidianidade, ainda que mantendo os lastros do real, que obrigam o escritor "a gastar muita página boba". Acrescenta também que no sertão a natureza não era cenário, "mas sim personagem", talvez como as demais, capaz de ação, presença e intervenção no conflito. E, finalmente, que, diferente da cidade, "na roça, o diabo existe", como se ele fosse também uma força com a qual seria preciso contar e se compor, já "fiz pequenos pactos provisórios, com o dito".

Guimarães, já nos contos de *Sagarana*, experimentou essas concepções que o levariam a uma literatura nova e melhor ambientada naquele espaço. Como exemplo, no conto "Corpo Fechado", quando o herói, Manuel Fulô, diante das ameaças de um valentão, o Targino, de querer passar a noite anterior ao seu casamento com a sua noiva, ele, não encontrando ninguém para socorrê-lo, delegado, padre, coronéis, amigos, os agentes civilizadores do Estado e da sociedade, apelou a um feiticeiro para lhe fechar o corpo. E deu certo. Num desafio e com armas muito desiguais, ele derrotou o valentão. Para mim, em resumo, na perspectiva literária do autor, esse meio híbrido entre natureza e cultura, como nas vilas interioranas do sertão, onde localiza as suas quase fábulas, e entre esses homens mais próximos da natureza, "capiaus",[5] eliminar o diabo seria, entre outras coisas, muito mais pecar contra o *realismo* do que afirmá-lo. Quer dizer, por "realismo" devemos entender o universo arcaico mental de possibilidades e expectativas desses homens, pois, para eles, se queira ou não, lá Deus e o demo vigoravam como forças a serem levadas em conta. De modo que, escolher situar a sua história no sertão e não na cidade, e considerar também relevantes os pontos de vista desses homens, era escolher falar também do que não existia para os do mundo desencantado do asfalto, mas que *podiam* ter vigência para um herói como Riobaldo. O pacto era uma possibilidade, assim como o milagre, ao homem que, entre o diabo e Deus, vivia

---

5 Nesse conto, tanto Manuel Fulô quanto Targino são homens equivalentes aos da raça dos centauros, híbridos, meio homens e meio cavalos, nos quais as duas naturezas se digladiam e podem vencer tanto uma, a humana, finalmente no herói, como outra, a animal, dominante no valentão. No sétimo círculo do inferno, onde estavam os centauros e os homens violentos, estão lá Átila, Pirro e Sesto, que seria provavelmente Tarquinio Sexto, aquele que ultrajou com violência Lucrécia, de onde Guimarães teria derivado o nome de Targino (Alighieri, 1976, p.158).

espremido e largado na sua solidão e à própria sorte. Ouçamos a triste confissão de Riobaldo, sem desespero:

> Conforme eu pensava: tanta coisa já passada; e, que é que eu era? Um raso jagunço atirador, cachorrando por este sertão. O mais que eu podia ter sido capaz de pelejar certo, de ser e de fazer; e no real eu não conseguia. Só a continuação de airagem, trastejo, trançar o vazio. Mas, por quê? – eu pensava. Ah, então, sempre achei: por causa de minha costumação, e por causa dos outros. Os outros, os companheiros, que viviam à toa, desestribados; e viviam perto da gente demais, desgovernavam toda a hora a atenção, a certeza de se-ser, a segurança destemida, e o alto destino possível da gente. De que é que adiantava, se não, estatuto de jagunço? Ah, era. Por isso, eu tinha grande desprezo de mim, e tinha cisma de todo o mundo. (*GSV*, p.381)

*

Como já adiantei mais atrás, Riobaldo buscava no pacto duas coisas: uma, o poder para enfrentar e derrotar o Hermógenes, ele também um pactário; e, outra, uma via de superação de si mesmo, das suas heranças familiares de sujeito humilde e sem pai, como forma de ser capaz também do mando e da chefia. Assim, ele se alinhava com o bando na procura da vingança da morte de Joca Ramiro e tinha no pacto o meio de conseguir a força para "Acabar com o Hermógenes! Reduzir aquele homem!...". Essa parecia ser a razão principal e mais objetiva, mas ele mesmo faz questão de afirmar, em prosseguimento às reticências: "–, e isso *figurei* mais por precisar de firmar o espírito em *formalidade* de alguma razão" (*GSV*, p.397, grifos meus). Essa motivação primeira e mais aparente na verdade servia como uma espécie de máscara, desculpa um tanto postiça, "figurei", e protocolar, "formalidade", para justificar o pacto mais aos outros que o "desgovernavam" do que propriamente a si. Porém, havia uma outra razão, mais subjetiva e oculta, e, para nós, mais real e premente, além de sentida há tempos. Era esta que o levava a um ato tão extremo a ponto de comprometer a sua alma, e era o que o preocupava cada vez mais: a necessidade de superação de si e de sua formação, para ser capaz do mando e do poder. Na sua subida ao lugar do pacto, "concruz dos caminhos", ele já enunciava o que procurava, ele diz: "Eu fosse um homem novo em folha". Mas para quê?

> Quem é que era o Demo, o Sempre-Sério, o Pai da Mentira? Ele não tinha carnes de comida da terra, não possuía sangue derramável. Viesse, viesse, vinha para

me obedecer. Trato? Mas trato de iguais com iguais. Primeiro, eu era que dava ordem. E ele vinha para supilar o ázimo do espírito da gente? Como podia? Eu era eu – mais mil vezes – que estava ali, querendo próprio para afrontar relance tão desmarcado. Destes meus olhos esbarrarem num rôr de nada. (*GSV*, p.395-6)

Pelo que diz, seria ele que se serviria do demo para se afirmar no confronto e não o contrário. A primeira atitude do herói na encruzilhada não era a de temor e de quem ia para se submeter, mas de arrogância, assim ele primeiro descorporificava o demo, "não tinha carnes de comida da terra, não possuía sangue derramável" e depois colocava-se a sua altura, "trato de iguais com iguais", e ainda mais, invertia a relação de poder: "eu era que dava a ordem". Com isso ele se afirmava, "Eu era eu – mais mil vezes – que estava ali querendo, próprio para afrontar relance tão desmarcado". Pelas suas palavras altivas, era ele quem tinha optado pelo trato e para a realização de sua vontade: "querendo próprio para afrontar relance tão desmarcado". E o que fazia ali era: "Esperar, era *o poder meu*; do que eu vinha em cata". Quando tudo parecia e poderia conduzir o herói ao medo e à sujeição, "Tudo era para sobrosso, para mais medo", ele reagia e dizia a si mesmo, sabia que tinha de ir até ao fim:

E por isso eu não tinha licença de *não me ser*, não tinha os descansos do ar. A minha ideia não fraquejasse. Nem eu pensava em outras noções. Nem eu queria me lembrar de pertencências, e mesmo, de quase tudo quanto fosse diverso, eu já estava perdido provisório de lembrança; *e da primeira razão, por qual era, que eu tinha comparecido ali.* E, o que era que eu queria? Ah, acho que não queria mesmo nada, de tanto que eu queria só tudo. Uma coisa, a coisa, esta coisa: *eu somente queria era – ficar sendo!* (*GSV*, p.396, grifos meus)

Ele, naquele lugar, ao mesmo tempo que se esvaziava do que era e renegava os limites e os laços de seu passado, tanto da mãe como da falta de pai, "Nem eu queria me lembrar de pertencências", e a razão mais aparente de estar ali, "da primeira razão, por qual era, que eu tinha comparecido ali", também não tinha direito do nada, de não ser, "não tinha licença de não me ser". E, entre o nada e o tudo que queria, ele exclama com ênfase a aporia, a necessidade de se ser, porém não a si mesmo, mas o que só poderia ser um outro virtual: "Uma coisa, a coisa, esta coisa: eu somente queria era – ficar sendo!". Nessa busca de si é que ele chega como que à beira de seu abismo interior:

O que eu agora queria! Ah, acho que o que era meu, mas que o desconhecido era, duvidável. Eu queria ser mais do que eu. Ah, eu queria, eu podia. Carecia. "Deus ou o demo?" – sofri um velho pensar. Mas, como era que eu queria, de que jeito, que? Feito o arfo de meu ar, feito tudo: que eu então havia de achar melhor morrer duma vez, caso que aquilo agora para mim não fosse constituído. (*GSV*, p.397)

Voltado para a negação de si e incapaz de definir o objeto de sua vontade e às voltas com ela, ele desmerece o Hermógenes, "mais uma criancinha moliça mijona", e descarta que a afirmação de si passasse por ele ou pela sua vingança. O que ele sabia que afrontava era o próprio Demo, no caso, o seu vazio interior ou aquela força negativa que acreditava sobrepujar: "Mas, Ele – o Dado, o Danado – sim: para se entestar comigo – eu mais forte do que o Ele; do que o pavor d'Ele – e lamber o chão e aceitar minhas ordens". E é quando o herói se enuncia como uma força oposta à que o enfrentava com maiúscula, "o Ele; do que o pavor d'Ele", ele agora como portador de alguma positividade, o que o faria de fato um herói na ação, que provoca o redemoinho: "A já que estava ali, eu queria, eu podia, eu ali ficava. Feito *Ele*. Nós dois, e o tornopio do pé de vento – o ró-ró girando mundo a fora, no dobar, funil de final, desses redemoinhos: *...o Diabo, na rua, no meio do redemunho...*"

A sua positividade com relação aos demais companheiros jagunços ele já havia destacado pouco antes, numa passagem decisiva, na qual se mostrava capaz de piedade e compaixão, de se colocar no lugar do outro e avaliar assim não só a relatividade do sentido da ação, o de quem a cometia e o de quem a sofria, como também de apreciá-la no seu plano ético e moral, do sujeito inteirado do bem e de ser melhor:

E o Sidurino disse: – "A gente carecia agora era de um vero tiroteio, para exercício de não se minguar. A alguma vila sertaneja dessas, e se pandegar, depois, vadiando..."Ao assaz confirmamos, todos estávamos de acordo com o sistema. Aprovei, também. Mas, mal acabei de pronunciar, eu despertei em mim um estar de susto, entendi uma dúvida, de arpejo: e o que me picou foi uma cobra bibra. Aqueles, ali, eram com efeito os amigos bondosos, se ajudando uns aos outros com sinceridade nos obséquios e arriscadas garantias, mesmo não refugando a sacrifícios para socorros. Mas, no fato, por alguma ordem política, de se dar fogo contra o desamparo de um arraial, de outra gente, gente como nós, com madrinhas e mães – eles achavam questão natural, que podiam ir salientemente cumprir, por obediência saudável e regra de se espreguiçar bem. O horror que me deu – o senhor entende? Eu tinha medo de homem humano.

A verdade dessa menção, num instante eu achei e completei: e quantas outras doideiras assim haviam de estar regendo o costume da vida da gente, e eu não era capaz de acertar com elas todas, de uma vez! Aí, para mim – que não tenho rebuço em declarar isto ao senhor – parecia que era só eu quem tinha responsabilidade séria neste mundo; confiança eu mais não depositava, em ninguém. Ah, o que eu agradecia a Deus era ter me emprestado essas vantagens, de ser atirador, por isso me respeitavam. Mas eu ficava imaginando: se fosse eu tivesse tido sina outra, sendo só um coitado morador, em povoado qualquer, sujeito à instância dessa jagunçada? A ver, então, aqueles que agorinha eram meus companheiros, podiam chegar lá, façanhosos, avançar em mim, cometer ruindades. Então? Mas, se isso sendo assim possível, como era pois que agora eles podiam estar meus amigos?! O senhor releve o tanto dizer, mas assim foi que eu pensei, e pensei ligeiro. Ah, eu só queria era ter nascido em cidades, feito o senhor, para poder ser instruído e inteligente! E tudo conto, como está dito. Não gosto de me esquecer de coisa nenhuma. Esquecer, para mim, é quase igual a perder dinheiro. (*GSV*, p.383)

A partir daquele início na encruzilhada, onde revelara, ao mesmo tempo, arrogância e coragem, contraditoriamente, ele agora já não mais se reconhecia pelos mesmos atributos com empáfia; porém, é desse modo que se afirma, mas agora como tomado por uma convulsão provocada pela própria vontade, da qual já não era mais senhor, mas possuído por ela; quando esperava algo a vir de fora, alguma coisa havia ocorrido nos seus internos, passada no profundo, como se um milagre ou o próprio pacto houvesse acontecido ali e o embriagava de si mesmo. E quem que até então não era nada, agora se tornava demais: "estava bêbedo de meu". Como explicar o milagre, o inexplicável, que destronava as suas más heranças maternas humildes e preenchia todas as suas carências?

Ah, ri; ele não. Ah – eu, eu, eu! "Deus ou o Demo – para o jagunço Riobaldo!" A pé *firmado*. Eu esperava, eh! De dentro do resumo, e do mundo em maior, aquela crista eu repuxei, toda, aquela *firmeza* me revestiu: fôlego de fôlego de fôlego – *da mais força, de maior coragem*. A que vem, tirada a mando, de setenta e setentas distâncias *do profundo mesmo da gente*. Como era que isso se passou? (*GSV*, p.397-8, grifos meus)

Foi quando ele chamou pelo "Lúcifer! Satanás!" e não houve resposta, ele só ouviu o silêncio e perguntou: "O senhor sabe o que silêncio é?" E ele próprio respondeu: "É a gente mesmo, demais". Com o que ele concordou consigo e voltou a chamar desafiante e irônico o demo, só que agora não para o que pudesse vir de fora, segundo a imagem impactante, mas rotineira, como o descreveu numa visão fantástica, porém convencional: "com Ele em trono, contravisto, sentado de estadela bem no centro". Agora, neste novo chamado, ele vinha de dentro, dos seus profundos: "– 'Ei, Lúcifer! Satanás, *dos meus Infernos!*" (grifo meu). A coisa estava feita, mas não no plano externo, no ventre do medo da perda da alma, mas no interno, de um ato de coragem, de quem enfrentava e negava a si mesmo, com o que ganhava uma nova alma. Era a vontade consciente de quem se tornava senhor de si e se superava como sujeito, era possível isso? Será justamente no que será testado na sequência das passagens.

3
Urutu-Branco
Além do poder do sertão, o progresso na fazenda Barbaranha[1]

Um chefe inteiriço: afirmação, integração e conciliação

Riobaldo conta que a sua chefia aconteceu, assim mesmo, aconteceu, porém não por puro acidente, foi também o resultado natural de um processo que já vinha de longe: "as coisas que acontecem, é porque já estavam ficadas prontas [...] Arte que virei chefe". Pelo menos é o que diz ao seu interlocutor, para ele "Outros é que contam de outra maneira". No que ele narra, sabemos que não foi um evento inesperado, embora tivesse tido de fato um pouco disso, mas houve também a sua mão: "Arte que virei chefe", o oximoro mescla um termo que diz ter sido obra sua, "Arte", com outro que se refere a algo passado independente de sua vontade, "virei". Ele sintetiza aí o que acontecia à sua revelia com o produto da ação consciente de suas mãos. Ele procurou o pacto para se preparar para isso. Vimos no capítulo anterior que, para ele, vencer a si mesmo era mais importante do que armar-se para derrotar o Hermógenes. E o que era vencer a si mesmo, senão superar as suas faltas de formação: ter sido filho só de mãe solteira, de origem humilde, e a ausência do modelo

---

1 Os episódios referentes à estada do bando na fazenda Barbaranha, numa versão bem inicial, foram já trabalhados por mim no ensaio "Antônio Conselheiro e Getúlio Vargas no *Grande sertão: veredas?*" (Roncari, 2007).

paterno, que lhe teria possibilitado a coragem e a capacidade de mando, como foi com Diadorim? Se o que houve não foi só uma determinação dos acontecimentos e do fado, não foi também algo inteiramente planejado e voluntário, ele só atalhou um processo que já vinha se desenvolvendo com uma certa naturalidade. A sua narrativa ambiciona estar rente ao que conta, "Assim exato é que foi", e "o que foi", foi o desenrolar dos fatos que se precipitaram e o levaram à chefia. Com a chegada de João Goanhá e seus jagunços até onde estava o bando de Zé Bebelo, Riobaldo percebeu que ela criava um vazio de poder entre os dois chefes de grupos, foi quando ele perguntou, até com certa sinceridade, "eu não queria afrontar ninguém": "Agora quem é que é o Chefe?". Ele olhou para ambos e reparou que um olhava para o outro, e viu que o primeiro "pardejou" e o segundo se desestruturava, "nem não tinha ossos", e foi então que a situação se desanuviou para ele e ficou mais clara: "eu era quem menos sabia – porque o Chefe já era eu". Aconteceu. Só a partir daí foi que o herói procurou se afirmar como tal e os demais companheiros, convocados, "fechavam roda" em torno dele. Na sequência, ele matou o Rasga-em-Baixo e o seu irmão José Felix, de quem ele suspeitava a possibilidade de traição. Foi nesse momento que o herói se afirmou perante todos, com seu outro nome, o da falsa lagarta de fogo, "meu nome era Tatarana!", e o primeiro que veio se postar ao seu lado foi Diadorim, como jagunço bravo, "jaguarando", e comandante junto dele, "veio marechal". Logo a seguir, os demais se formaram com ele. Só então o herói afrontou Zé Bebelo, "barba a barba", pronto para duelar e o que desse; mas o antigo chefe não tremeu nem temeu, só reconheceu que o seu tempo havia passado e era a hora do outro, quando disse: "A rente, Riobaldo! Tu o chefe, chefe, é: tu o chefe fica sendo...". Aconteceu e arte, como a culminância de um processo, ao mesmo tempo determinado pelos fatos e procurado pelo herói, a partir do momento em que teve para si que assumir a chefia era uma necessidade e não apenas o capricho de sua vontade. Nada se passou apenas segundo o desejo do herói, mas também não se realizou sem a sua intervenção.[2] Zé Bebelo, uma vez deposto, antes de partir, após dizer que não saberia ser um terceiro nem um segundo no grupo, reconheceu o que havia se passado com Riobaldo e a que ele vinha, como se fosse para uma missão, e o rebatiza: "–'Mas, você é o outro homem, você revira o sertão... Tu é terrível,

---

2 De modo melhor desenvolvido, esse processo reproduz o sucesso da travessia do riacho da Fome, que metaforiza a vida da necessidade, pelo burrinho pedrês, no conto de *Sagarana*, rapidamente discutido por mim (ver Roncari, 2004, p.45). Essa era a regra que norteava Riobaldo na sua relação eu-mundo, eu-sertão, como vimos no capítulo anterior.

que nem um urutu-branco...". E todos o aclamam entusiasmados: "–'O Urutu-Branco! Ei, o Urutu-Branco!...'".

Zé Bebelo partiu para uma nova vida, deixou a jagunçagem e o sertão, foi para o Sul, e Riobaldo assumiu a chefia. Foi desse modo que anunciou o novo momento em que entravam: "o tempo de todas as doideiras estava bicho livre para principiar". Era portanto um tempo não do certo e do direito, do dado, mas do que seria o *gauche* para Drummond. Assim que ocupou a sua nova posição, o herói fruiu o gosto pelo poder de mandar e comandar, o que o resgatava de suas faltas e heranças, ele disse: "eu estava livre, a limpo de meus tristes passados". Mas a decisão que tomou, foi a de o bando, sob a sua chefia, dirigir-se ao seu lugar de origem: "Para o Chapadão do Urucuia, onde tanto boi berra". Antes, porém, passaram pelo Valado, onde se sucederam dois fatos importantes e significativos: Riobaldo se encontrou pela terceira vez com o seô Habão e lá formou a sua brigada de jagunços, integrando a ela os catrumanos estropiados do Pubo e do Sucruiú. Nesse terceiro encontro com o grande proprietário, o herói não tinha mais engano nenhum quanto a ele, que só pensava em ganhos e dinheiro, mesmo quando o ofereceu ao herói em ajuda, porém este sabiamente recusou e disse que era ele quem lhe devia. Em troca lhe deu algumas ninharias sem valor monetário nenhum, só religioso, algumas medalhinhas de santos e verônicas, das muitas que carregava num cordão pendurado ao pescoço. Se seô Habão pretendia, ao ofertar-lhe dinheiro, convertê-lo num devedor ainda maior, pois já lhe havia dado o cavalo Siruiz, o herói sabia bem que o que lhe dava, as medalhinhas de santos, não tinham valor nenhum para ele, que só acreditava no poder do dinheiro. Se isso não lhe soasse até como uma provocação, já que, pela pouca importância que pareceu dar ao oratório da casa do Valado, poderia também não respeitar o seu poder simbólico e mágico de fé, mas se viu obrigado a guardá-las na algibeira e carregá-las consigo. Porém, Riobaldo sabia também que elas não teriam efeito nenhum sobre seô Habão e não o converteriam, sabia da sua irredutibilidade, e tudo começou a se passar na cabeça do herói; cogitou até em matá-lo, mas compreendia também o insucesso do que se fizesse contra a sua sede de acúmulo de riqueza:

> Matar aquele homem, não adiantava. Para o começo de concerto deste mundo, que é que adiantava? Só se a gente tomasse tudo o que era dele, e fosse largar o cujo bem longe de lá, em estranhas terras, adonde ele fosse preta-e-brancamente desconhecido de todos: então, ele havia de ter de pedir esmolas... Isso, naquela hora, pensei. Ah, não. E nem não adiantava: mendigo mesmo, duro tristonho, ele

havia ainda de obedecer de só ajuntar, ajuntar, até à data de morrer, de migas a migalhas...

As verônicas e os breves ele vendesse ou avarasse para os infernos. (*GSV*, p.415)

O retrato que o herói faz do proprietário e de seu discurso agora é em tudo negativo, ele os pinta duramente, como a caricatura de um coelho e os seu trejeitos de nariz e patas dianteiras, falando como se contasse nos dedos as moedas: "esfiando o assunto nas pontas dos dedos, tostões. [...] por primeira vez reparei: que ele tinha as orelhas muito grandes, tão grandonas" –tanto, que o herói pegou nas próprias para tentar compará-las com o tamanho das dele. Essa associação de seô Habão com o coelho se devia ao modo como o animal realiza as mesmas aspirações do *capital*: a proliferação rápida e abundante, como é conhecida a dos coelhos. Nas suas incertezas, Riobaldo se lembra de que, ao receber a doação do cavalo Siruiz, já havia firmado com o fazendeiro uma aliança, irrevogável, ao passar a dever a ele um favor a ser pago um dia e de alguma forma, "alvíssara de mercê", assim ele já era seu devedor, "ele merecia, e eu a ele devia".[3] E mais ainda, tinha sido ele que, ao presenteá-lo com o cavalo, tinha intuído por primeiro o seu poder de comando, antes ainda de ser reconhecido como chefe, nas vésperas ainda do pacto: "ele tinha vesprado em reconhecer meu poder".

A saída do herói foi acomodatícia e simplória. Já que não via como se livrar daquele homem, deu a ele a ordem de uma missão sentimental, ao mesmo tempo que o afastava de si: a de ir entregar a pedra de topázio a Otacília, na fazenda Santa Catarina. Era uma ordem de uma missão comezinha, pelo menos

---

3 Sobre a complexidade e o caráter não inteiramente desprovido de contradições da "dádiva" são muito esclarecedoras as observações de David Graeber (2016, p.303), e quem melhor explorou esses seus aspectos na literatura brasileira foi Machado de Assis (ver em especial o *Memorial de Aires* quando trata da libertação dos escravos pelo pai de Fidélia e a questão do interesse no casamento de Tristão com ela): "Quando um soberano dá um presente a um criado, não há razões para duvidar que a dádiva seja inspirada pelo desejo genuíno de beneficiar o criado, mesmo que seja também um movimento estratégico para garantir lealdade, além de um ato de magnificência com o intuito de reafirmar a sua grandiosidade e a pequenez do criado. Não há contradição nenhuma nisso. De maneira semelhante, dádivas entre iguais costumam ser acompanhadas de amor, inveja, orgulho, rancor, solidariedade ou uma série de outras coisas. Especular sobre essas questões é uma das principais formas de passatempo. Falta, no entanto, a ideia de que a verdadeira motivação é necessariamente a mais 'egoísta': quem especula sobre as motivações ocultas imagina da mesma maneira que quem tenta em segredo ajudar um amigo ou prejudicar um inimigo também está obtendo alguma vantagem para si próprio".

para um homem que só pensava em ganhos, mas que deveria acatá-la. Porém, ela não pagava a sua dívida do cavalo Siruiz, ao contrário, só a agravava a favor de seô Habão. Mas este vê aí também uma oportunidade de ganho compensatório, talvez, pelo menos do ponto de vista da suspeição do herói narrador, pois é o que sugere o termo utilizado por ele: *"negócio* que carecia ainda de algum ponto".* Que era o de aproveitar a viagem para que Riobaldo enviasse também algum recado ao seu padrinho Selorico Mendes, grande proprietário como ele, e que o herói havia previsto que um dia teria seus bens tomados pelo seô Habão. Mas os possíveis reais interesses deste repercutem nos termos que teria usado para fazer esse oferecimento ao herói, ao menos do seu ponto de vista, carregado de dúvidas e suspeitas: "para o senhor *meu pai*, Selorico Mendes, dono do São Gregório, e de *outras boas e ricas fazendas*?" (grifos meus). Foi isso que se perguntou Riobaldo interiormente, desconfiado, repercutindo os termos utilizados pelo fazendeiro. Havia seô Habão chamado Selorico Mendes de "pai" e não "padrinho", como ele até então vinha sendo tratado pelo próprio herói? Além de lembrá-lo o que para ele era o mais importante, ser dono de "boas e ricas fazendas", para agradá-lo, por um lado, e, por outro, para tirar junto dele algum proveito, já que para o herói o padrinho não passava de um sujeito fraco e prosa?

Nesse episódio, toda a narrativa é muito crua e dura com seô Habão, em nenhum momento o herói narrador suaviza ou matiza os traços característicos dele, como homem "sem necessidade de caráter", impessoalizado como é o dinheiro. É assim que ele o pinta, como se ele fosse a própria expressão do capital e do dinheiro, voltados inteiramente para a sua reprodução e acumulação, sem nunca parar para se perguntar pela sua utilidade e seu sentido ou questionar-se no seu modo de ser. É assim que ele aparece e é representado, conforme as descrições acima citadas, como a busca racional pelo mais irracional e desprovido de sentido, algo que só se justificaria pela própria acumulação. A representação é crua e inteiramente explícita, até no nome, Habão. Mas havia entre o herói e ele uma aliança já firmada, que poderia ter seu lado interesseiro também para Riobaldo, como uma positividade que transformava aquela aliança numa via de mão dupla, só que ainda não inteiramente explicitado, o que contrabalançaria aquela primeira impressão.

Eufórico e entusiasmado com o seu poder de chefia, Riobaldo ordenou aos seus homens que integrassem a eles os moradores do Sucruiú. A sabedoria do herói foi a de estabelecer com eles um laço de integração, só que agora verticalizado, não mais horizontal com alguém de cima, como o feito com o grande proprietário. O novo acordo seria então mais político-social e o poderia proteger de futuras dependências, já que suprimiria o abismo e responderia à pergunta que havia feito lá atrás, quando se deparou com os catrumanos do Pubo: "E por que era que há de haver no mundo tantas qualidades de pessoas – uns já finos de sentir e proceder, acomodados na vida, tão pertos de outros, que nem sabem de seu querer, nem da razão bruta do que por necessidades fazem e desfazem. Por que?". Foi justamente o que o herói procurou fazer como chefe, agora pela ação e não mais pelos discursos, como acontecia com Zé Bebelo. Ele mandou seus homens reunirem também os do Pubo, as figuras mais grotescas e estropiadas nos nomes, nos usos e costumes e na aparência, e os integrarem ao seu bando de jagunços. E o fez não simplesmente por razões práticas, para se fortalecer com aquela gente para a vingança, o que significaria muito pouco, pela antiguidade e má qualidade de suas armas e deformidades de seus corpos, mas com um propósito bem mais elevado, o de tirá-los daquela condição, pelo menos é o que nos diz:

> Aquela gente depunha que tão aturada de todas as pobrezas e desgraças. Haviam de vir, junto, à mansa força. Isso era perversidades? Mais longe de mim – que eu pretendia era retirar aqueles, todos, destorcidos de suas misérias. Até que fiz. Ah, mas, mire e veja: a quantidade maior eram aqueles catrumanos – os do Pubo. Eles, em vozes. Ou o senhor não pode refigurar que estúrdia confusão calada eles paravam, acho que, de *ser chamados e reunidos, eles estavam alertando em si o sair de um pavor*. (*GSV*, p.418-9, grifo meu)

Assim eles se formaram com o grupo de jagunços numa brigada que mais lembrava uma procissão barroca e um cordão carnavalesco. E isso servia não apenas para resgatá-los das suas misérias, mas também tinha um propósito messiânico e quixotesco, o de restabelecer a paz, a igualdade e a justiça no mundo. E o faz com promessas delirantes, utópicas, mais impossíveis ainda do que as do *desenvolvimentismo agrário populista* de Zé Bebelo:

> "Pois vamos! As famílias capinam e colhem, completo, enquanto vocês estiverem em glórias, por fora, guerreando para impor paz inteira neste sertão e para obrar vingança pela morte atraiçoada de Joca Ramiro!..." – eu determinei. – "Ij' Maria, é ver, nós, de Cristo, jagunceando..." – escutei, dum. Daí, declarei mais: – "Vamos sair pelo mundo, tomando dinheiro dos que têm, e objetos e vantagens, de toda valia... E só vamos sossegar quando cada um já estiver farto, e já tiver recebido umas duas ou três mulheres, moças sacudidas, p'ra o renovame de sua cama ou rede!..." (*GSV*, p.420)

E na cabeça da procissão de jagunços e estropiados, foi muito significa-tivo que o herói colocasse de cada banda as duas figuras mais frágeis daqueles homens, como se fossem elas a garantia de sua força, pelo menos contra pragas e maus-olhados. Do lado direito, iria o velho cego, que só esperava a morte e para isso se preparava, Borromeu, e será ele que apontará o caminho: "Aquele era o bom rumo do Norte". E do esquerdo, vinha o menino "pretozinho" Guirigó, e partem: "Terçando um total de projetos, com os entusiasmos, no topo da cabeça minha". Dirigem-se mais para o Norte, para o seu lugar de origem, "para o Cha-padão do Urucuia, aonde tanto boi berra. Que eu recordava de ver o rio meu". A partir daí, o cortejo segue mais ou menos por si, sem muita diretriz e ordem, despreocupado com planos e trabalhos, como os pássaros do céu e os lírios do campo do evangelho de Mateus, que era o modo de governo de Riobaldo, o con-trário do de Zé Bebelo, que planejava e pensava em tudo. Era um modo de ele dizer que já não era mais ele, mas também não era o outro, e, de certo modo, se entregava nos braços do destino, "à solta a lei da acostumação", o que inspirava a todos confiança e coragem, como a irradiação do carisma que refuta o medo:

> Meu direito era contrariar as regras todas do chefe que antes fora; para mim, só mesmo o que servia era à solta a lei da acostumação. [...] A outra receita que descumpri, era a de repartir o pessoal em turmas. Cautelas... Que não. Eu fosse ter cautela, pegava medo, mesmo só no começar. Coragem é matéria doutras pra-xes. (*GSV*, p.422-3).

Na Barbaranha: conciliação e promessas de futuro

O cortejo jagunço sob o comando de Riobaldo chegou a uma grande fazenda, cujos moradores e costumes "cordiais" obrigaram o herói a uma pri-meira metamorfose – dessa vez, ainda momentânea, pois ele estava em mis-são de guerra. Aquele lugar negava inteiramente a ferocidade jagunça da qual o novo chefe havia se vangloriado pouco antes, quando disse: "Comi carne de onça? Esquipando, eu queria que a gente entrasse, daquele jeito, era em alguma grande verdadeira cidade". Já vimos o que aprontavam quando entra-vam nas cidades, como queria antes Zé Bebelo entrar "triunfal" na Januária, e Riobaldo havia interiormente reagido a esses propósitos jagunços. Porém, não foi só isso que aconteceu, a mudança não era unilateral; esses mesmos moradores da fazenda foram também obrigados a assimilar aqueles elementos novos e estranhos do bando do herói, de modo a integrá-los nas cortesias desse pequeno mundo, eminentemente feminino, como se anunciou desde o início. Assim que entraram na fazenda, o que viram foram as mulheres ocupadas nos afazeres da lida doméstica: "na boca do forno fumaçando, mexiam com feixes verdes de mariana e vassourinha e carregavam as latas pretas de assar biscoitos. Só aqueles formosos cheiros das quitandas e do forno quente varrido, já confortavam meu estômago". Com a entrada do bando ali, criava-se para todos, como numa experiência de laboratório, uma outra vida possível, uma nova harmonia, na qual os forasteiros eram obrigados a adquirir os freios das relações civis e corteses; e os da fazenda, principalmente as mulheres, a conviverem com os excluídos extremos, que vinham de baixo e do sertão bravio. E tudo se passava sob a regência de seo Ornelas, Josafá Jumiro Ornelas, "homem bom descendente, posseiro de sesmaria". O que, de outro modo, queria dizer, ser ele vindo das famílias antigas tradicionais dos primeiros colonizadores. Porém ele era também senhor de muitas mortes: "Aí falam em sessenta ou oitenta mortes contáveis", e, segundo o que Marcelino Pampa havia dito, nele "ainda não esmoreceu os ânimos...". Assim, seo Ornelas, de alguma forma, também estava só aprendendo a se conter, como uma brasa só adormecida, e, caso se frustrasse com as intenções civilizatórias, poderia reacendê-la a qualquer momento. Pela ambiguidade da expressão, poderia evoluir tanto para uma coisa como outra.

Aquele movimento inicial da chegada do bando na fazenda, integrador e pacificador, com uns aprendendo com os outros, é descrito no romance como um processo político-social carregado de índices, que nos reportam para um momento histórico particular da vida brasileira, no qual teria se tentado, numa escala maior, nacional, aquela experiência conciliatória entre os extremos da nossa vida social: o breve período de Getúlio Vargas, identificado aqui como uma figura simbólica e dotada de certa política, quando esteve à frente do poder. No nome do fazendeiro, Josafá Jumiro Ornelas, ressoa justamente o sobrenome materno de Getúlio Dornelles Vargas, segundo o dominante *feminino* no lugar, maior do que no sertão bravio; o nome da fazenda é Barbaranha, recorda o de Oswaldo Aranha, líder político gaúcho liberal que acompanhou do começo ao fim a trajetória política de Getúlio. O nome da fazenda "Barbaranha" deve ter sido pensado no sentido de revelar como o ideário político de Oswaldo Aranha se radicava no civilista de Rui Barbosa, Barb+aranha, em oposição ao ideário caudilhista e militarista de Pinheiro Machado e Hermes da Fonseca, associados no *Grande sertão* com o Ricardão e o Hermógenes.[4] Essa

---

4 Quem mostra essa relação do ideário de Oswaldo Aranha com o de Rui Barbosa é Aspásia Camargo, no ótimo ensaio biográfico que escreveu sobre a "trajetória política" do

camada histórica subterrânea do romance, embora nem de longe o esgote e o resuma, com o risco de transformá-lo numa simples alegoria, é apenas uma das várias da composição complexa do texto. Ela não pode, entretanto, ser desconsiderada, se quisermos reconhecer os valores que nele são trabalhados, afirmados ou negados. Além de nos deixar escapar outros conteúdos de que trata, mesmo que secundários ou extraliterários; mas se não ao menos os vislumbrarmos e levarmos em conta as suas ressonâncias na composição, isso pode comprometer a nossa compreensão do que de fato o autor está nos falando, assim como os seus juízos éticos e políticos. O que pode acontecer quando passamos por cima da história e desconsideramos esse âmbito também das preocupações do autor. Com isso corremos o risco de rebaixá-lo como sujeito avesso ou pouco preocupado com os eventos do tempo, um absenteísta, como tanto se afirmou dele, ou o usarmos para dizer o que gostaríamos que dissesse, o que também muito acontece com Guimarães Rosa.

São conhecidas as afinidades e as diferenças entre Getúlio Vargas e Oswaldo Aranha, porém como duas oposições conciliatórias e complementares. Quem registrou com muita acuidade esse fato foi o amigo e chefe de Guimarães Rosa, o ministro das Relações Exteriores dos governos Dutra e Getúlio Vargas, João Neves da Fontoura, nas suas *Memórias*, uma das melhores da nossa vida republicana. Vale a pena acompanharmos o paralelo que ele faz:

> Os temperamentos de Vargas e Aranha contrastavam por completo. Talvez por isso se houvessem entendido no meio de suas separações, reservas e profundas

---

primeiro: "A presença de Oswaldo aquece os comícios e as manifestações contra Hermes, organizados no Largo de S. Francisco, sob a influência de Rubens Maciel e da oposição gaúcha representada pelo Grupo Gaspar Martins. Por trás de tudo pairavam as ideias de Rui Barbosa, que concorrera, em vão, contra Hermes da Fonseca em 1910, mas que deixara como saldo uma *Oração aos moços* e um grave libelo contra a República Velha que iria repercutir em cadeias sucessivas de protesto até sua queda final, em 1930. O eterno derrotado, Rui, acabou, afinal, moralmente vitorioso. Tornou-se símbolo da luta pela purificação dos costumes políticos e da renovação jurídico-institucional, apregoada através da proposta da revisão da Constituição de 1891. [...] A chama de Rui permaneceu muito viva no coração de Oswaldo e em seus compromissos políticos que se confundem com a UDN na derrocada de Vargas, em 1945. Prefaciando o livro sobre Rui Barbosa em inglês, trinta anos mais tarde, ele não esconde sua admiração pelo mesmo, que o castilhismo não conseguira reprimir". E, um pouco mais adiante, diz: "Rui Barbosa e Pinheiro Machado foram, em sua época, a encarnação de duas grandes linhagens que disputavam ideologicamente o controle do sistema republicano, ramificando-se nos estados, através da elite intelectual que ocupava os jornais e as tribunas políticas" (Camargo; Araújo; Simonsen,1996, p.42).

desarmonias, como acontece comumente em certos casais. Na política, como no amor, não raro se processa o acordo dos contrários.[5]

Aranha – homem-multidão – vivia sempre cercado, a casa cheia, falando sem cessar. Os amigos, acampados dia e noite em volta dele, constituíam, embevecidos, sua permanente plateia.

Vargas, ao oposto, apesar de comunicativo, muito atraente no trato pessoal, acolhedor, de uma grande simpatia física, gracioso nas palavras, era um individualista fechado no seu eu. Não se abria com ninguém. Chegou mesmo a dizer que preferia ser interpretado a interpretar-se. Fazia-se forte nos seus silêncios, nas reticências, nas meias palavras, sem embargo de ser orador brilhante nos improvisos.

Aranha dava-se por inteiro. Vargas mantinha indevassáveis seus territórios íntimos mesmo para os amigos. Ao homem, que não faz confidências, sobra facilidade para recuar ou avançar na forma que lhe for ditada pelas conveniências da sua política.

Em resumo: ao redor de Aranha lavrava um círculo de fogo, dardejando ação, incêndio que ele mesmo às vezes não conseguia ou não sabia apagar. Vargas protegia seu isolamento interior por uma couraça de gelo e pelo senso da medida na convivência com os semelhantes. (Fontoura, 1963, v.2, p.9)

Os dois volumes dessas *Memórias*, "Borges de Medeiros e seu tempo" e "A Aliança Liberal e a Revolução de 30", foram amplamente citados e elogiados por Guimarães Rosa no seu discurso de posse, na Academia Brasileira de Letras, na vaga deixada justamente pelo amigo. Para ele havia um outro membro importante que compunha uma espécie de "tríade" de poder de influência político-ideológica no tempo, que era o próprio memorialista. João Neves foi uma pessoa muito próxima de Guimarães, de quem o escritor foi subordinado e chefe de gabinete, e foi nesse discurso de estilo arrevesado, como modo de cifrar para mais esconder do que revelar, e que hoje soa como afetação desnecessária, ele discorreu explicitamente sobre as suas afinidades e simpatias com relação aos homens e fatos políticos do período. Citá-lo, aqui, acredito ser

---

5 Essa ideia de um vínculo quase matrimonial no plano político-ideológico com Oswaldo Aranha, dado em grande parte pelo "castilhismo" de ambos, estava inclusive na cabeça de Getúlio. É assim que se refere ao amigo, no seu Diário, dos dias 1º a 3 de março de 1932: "Retirando-se este [Maurício Cardoso] recebo a visita de Oswaldo Aranha, emocionado, abatido e revoltado. Um temperamento complexo, vário, tempestuoso e apaixonado, mas sincero, mesmo nas suas infidelidades intelectuais" (Vargas, 1995, p.93). Aspásia Camargo usa a seguinte expressão para caracterizar a relação havida entre os dois: "complementaridade na diferença" (Camargo; Araújo; Simonsen,1996, p.21).

importante para podermos contrastar e ver como correspondem ao sentido das representações do romance.

> Então – e ele e Vargas? E ante Aranha? A dúvida pertine e o ponto pertence, cortando aqui desconversa, porquanto dentre bando e numeroso escol – os brasileiros grandes do Rio Grande – plano adiante inscritos na mesma moldura: tríade que em conjunto giro insólito a história nos trouxe. Impede, a pergunta. Resposta, Deus sabe, só sou contador. Vínhamos, por exemplo, de visitar Oswaldo Aranha – feérico de talento, brilho, genialidade, uai, e daquele total conseguido esculpir-se em ser – e Neves pauteou: *"Você estava extasiado, empolgado..."* Mas vi e já advertira em que não menos cedia ele à cordial fascinação. – *"Sagarana* (sic sempre)*, cuida disto para o João..."* – telefonava-me Aranha alguma vez. Prezavam-se e queriam-se, alta, gauchamente; a despeito de quais-que despiques, queixas, rixas, unia-os a verdade da amizade. Getúlio Vargas, muito falávamos a seu respeito, compondo uma nossa tese de controvérsia. Meu interesse, sincero, pela imensa e imedida individualidade de Vargas, motivava-se também no querer achar, em sã hipótese, se era por dom congênito, ou de maneira adquirida mediante estudo e adestramento, que ele praticava o *wu wei* – "não interferência", a norma da fecunda inação e repassado não esforço de intuição – passivo agente a servir-se das excessivas forças em torno e delas recebendo tudo pois "por acréscimo". – *"Enigma nenhum, apenas um fatalista de sorte..."* – encurtava João Neves, experimentando fácil dissuadir-me. Mas, apto ele mesmo ao mistério, sensível às cósmicas correntes, à *anima mundi* antiga, teria de hesitar, de vez em quase, também a memória cobradora beliscando-o. – *"De fato, o Getúlio dá estranhezas, nunca ofegou ou tiritou, nem se lastimava de frio ou calor, que nós outros todos padecíamos, nada parecia mortificá-lo..."* – concedia-me, assim pequenas observações. Logo, porém, sacudia-se daquilo. *Fazia pouco de minha admiração e simpatia por Vargas, sem com ela agastar-se.* (Rosa, 1983, p.443-4, o último grifo é meu)[6]

---

6 Sobre as afinidades do autor com Getúlio Vargas, são esclarecedores os comentários do diplomata e amigo Mário Calábria (2003, p.39): "Ao conhecê-lo, Rosa já estava deixando a chefia do Serviço de Documentação, de onde se demitira por solidariedade ao também demissionário chefe do Departamento de Administração, do qual dependia e cuja saída se deveu à queda de Vargas. Rosa não se classificava como 'getulista', mas tinha, por ser conhecedor dos homens, grande simpatia por Vargas, que acreditava ser o único presidente capaz de, vencendo resistências, levar a cabo uma série de mudanças e reformas. Na realidade, a política não lhe interessava, interessavam-lhe os homens que faziam política, possuía amigos por toda parte, sobretudo depois de célebre".

Do mesmo modo como foi tomado o gesto simbólico dos gaúchos, quando vitoriosos na Revolução de 30, ao entrarem no Rio de Janeiro, capital da República, e amarraram os cavalos no obelisco da avenida Rio Branco, com o intuito de imporem um novo ideário ao país, foi com um gesto semelhante que o jagunço Riobaldo e o seu bando penetraram na fazenda Barbaranha. Isto se passou três dias depois da festa de São João e nas vésperas da de São Pedro, como diz o herói narrador: "No mastro, que era arvorado para honra de bandeira do santo, eu amarrei o cabresto do meu cavalo". Esse ato simbólico de Riobaldo na fazenda Barbaranha e os desdobramentos de sua estada lá equivalem ao que se passou no período dos governos de Getúlio Vargas. Pelo menos nos dois em que esteve no poder como presidente eleito.

Foi nesse tempo que o país e o Estado acordaram e tiveram que se preocupar com as questões sociais e trabalhistas. Pela ação de força também das camadas trabalhadoras, tiveram que trata-las não mais como "caso de polícia", ao modo de Washington Luís, de cuja truculência e autoritarismo as *Memórias* de João Neves da Fontoura citadas dão um testemunho vigoroso e muito bem fundamentado, e, com isso, buscar formas de reconhecer o trabalhador como um novo sujeito histórico e integrá-lo no nosso processo político. Ainda que isso se desse em alguns momentos, como durante o Estado Novo, com a substituição do autoritarismo civil apoiado no domínio agrário e comercial pelo autoritarismo carismático tutelado pelo poder militar, principalmente o dos antigos tenentes.[7]

---

7 É essa "a novidade" da política de Getúlio que a cena analisada pretende destacar. Ela foi muito bem expressa neste testemunho do general Nélson de Melo, um opositor, antigo tenente e militar da FEB que apoiou a sua deposição em 1945 e a de Jango em 1964: "O operariado simpatizava com Getúlio, mas toda elite brasileira era contra ele. Eu, que peguei a época do Washington Luís, do Epitácio Pessoa, do Artur Bernardes, sei que havia uma separação incrível entre o povo e o governo. Foi Getúlio quem reconciliou o povo com o governo. O povo estava com ele; a elite, não. E, nesta hora [quando do golpe], o povo não adianta nada. Não adianta fome. Os esfaimados não depõem ninguém. Quem depõe são os de barriga cheia, os bem instalados na vida. Aqui, é a classe dominante quem dispõe tudo – com ou sem fome. Getúlio apodreceu no meio das elites. Mas o povo não tomou conhecimento e continuou getulista" (Lima, 1986, p.221). Que coincide com o de um colaborador, Cleanto de Paiva Leite, da assessoria econômica de Rômulo de Almeida: "O populismo às vezes é empregado como uma maneira deliberada de enganar o povo. Eu acho que o Getúlio não queria enganar o povo, ele queria incorporar o povo às decisões do governo. Ele foi talvez o primeiro presidente, na história republicana, que teve essa visão de que a incorporação das massas ao processo político era parte do desenvolvimento nacional" (ibidem, p.260).

Na ceia de recebimento e confraternização que se organizou na fazenda Barbaranha para o bando de Riobaldo, todos se assentaram à mesma mesa: as mulheres da fazenda e os chefes jagunços, capitaneados pelo seo Ornelas, juntos daqueles homens do mais baixo e fundo sertão, o velho cego Borromeu e o negrinho Guirigó, até então excluídos do convívio humano:

> Mas não desordeei nem coagi, não dei em nenhuma desbraga. Eu não estava com gosto de aperrear ninguém. E o fazendeiro, senhor dali, de dentro saiu, veio saudar, convidar para a hospedagem, me deu grandes recebimentos. Apreciei a soberania dele, os cabelos brancos, os modos calmos. Bom homem, abalável. Para ele, por nobreza, tirei meu chapéu e conversei com pausas.
>
> – "Amigo em paz? Meu chefe, entre, a valer: a casa velha é sua, vossa..." – ele pronunciou.
>
> Eu disse que sim. Mas, para evitar algum acanhamento e desajeito, mais tarde, também falei: – "Dou todo respeito, *meu senhor*. Mas a gente vamos carecer de uns cavalos..." Assim logo eu disse, em antes de vir a amolecer as situações e estorvar o expediente negócio a *boa conversação cordial*.
>
> O homem não treteou. Sem se franzir nem sorrir, me respondeu:
>
> – "*O senhor, meu chefe*, requer e merece, e com gosto eu cedo... Acho que tenho para coisa de uns cinco ou sete, em estado regular."
>
> E eu entrei com ele na casa da fazenda, para ela pedindo em voz alta a proteção de Jesus. Onde tive os usuais agrados, com regalias de comida em mesa. Sendo que galinha e carnes de porco, farofas, bons quitutes ceamos, sentados, lá na sala. Diadorim, eu, João Goanhá, Marcelino Pampa, João Concliz, Alaripe e uns outros, e o menino pretinho Guirigó mais o cego Borromeu – em cujas presenças todos achavam muita graça e recreação. (*GSV*, p.426-7, grifos meus)

Esse *convivium* altamente civilizado e significativo só aparentemente se assemelhava a um daqueles comuns entre os bandos jagunços e os seus coiteiros. Ele tem traços que fogem à tradição jagunça e patriarcal coronelística, principalmente pela participação nele das mulheres da casa, inclusive das moças solteiras. Ele é tenso e cordial, pois, ao mesmo tempo que cada um faz do outro o "seu senhor", também não deixa de explicitar o seu interesse, "vamos carecer de uns cavalos", chega dizendo Riobaldo e entremeia a exigência com o trato cortês. Portanto, se estabelece entre eles um processo de embate polido, no qual as normas da boa convivência nunca são ultrapassadas, os limites são testados e as posições podem variar, de modo que um sempre pode subir e o outro descer, à medida que se cede ou se avança no prélio cortês. Pelo trato dado a Riobaldo desde o início e pela sua posição de força, ele mais sobe, e, seo Ornelas, obrigado a certas concessões, mais desce, mas nenhum se impõe ou se subordina inteiramente ao outro. Tudo se passa cavalheirescamente. Porém, a garantia da civilidade no trato era dada pela grande presença feminina; eram as mulheres que quebravam certas distâncias e, pelas suas simples presenças, impediam manifestações agressivas. À mesa, todos se contêm, comportam-se, fazem concessões, sem tolherem de todo a naturalidade; porém, ao mesmo tempo, transformam-se e passam a ser outros, diferentes do que eram. Quem mais percebe isso é Riobaldo, que se empertiga diante das damas, procura assuntos sérios para conversar e observa o seo Ornelas. É este quem dá a pauta do modo de ser, soberano, embora tivesse cedido ao herói a cabeceira da mesa, e o jagunço então se pergunta se "tarde seria para bem aprender". Seo Ornelas também precisa se conter, aprende a aceitar estranhos à sua mesa, como Borromeu e Guirigó, "afetava de propósito não reparar no menino". Entretanto, com o seu estilo, "de outras mais arredadas terras" (o Rio Grande do Sul?),[8] governava as pessoas e os cachorros, morigerado, até que volta a refletir sobre o sertão, e diz, resumindo-o neste oximoro: "confusão em grande demasiado sossego", e conclui que Riobaldo lhe faz bem, pois o sertão carece dele, de "um *homem forte*, ambulante". Foi nesse clima ameno que o banquete transcorreu.

A dona fazendeira era mulher já em idade fora de galas; mas tinham três ou quatro filhas, e outras parentas, casadas ou moças, bem orvalhosas. Aquietei o susto delas, e nenhuma falta de consideração eu não proporcionei nem consenti, mesmo porque meu prazer era estar vendo senhoras e donzelas navegarem assim no meio nosso, garantidas em suas honras e prendas, e com toda cortesia social. A ceia indo principiando, somente falei também de sérios assuntos, que eram a política e os negócios da lavoura e cria. Só faltava lá uma boa cerveja e alguém com jornal na mão, para alto se ler e a respeito disso tudo se falar.

Seo Ornelas me intimou a sentar em posição na cabeceira, para principal. – "Aqui é que se abancava Medeiro Vaz, quando passou..." – essas palavras. Medeiro Vaz tinha regido nessas terras. Verdade era? Aquele velho fazendeiro possuía tudo. Conforme jagunço de meio-ofício tinha sido, e amigo hospedador, abastado em suas propriedades. De ser de linhagem de família, ele conseguia as ponderadas maneiras, cidadão, que se representava; que, isso, ainda que eu pelejasse constante, tarde seria para bem aprender. Na verdade. Aquela hora, eu, pelo que disse,

---

8 Pela importância que as concepções de Oliveira Vianna têm na obra de Guimarães Rosa, seria interessante verificá-las também quanto a esse assunto. Ver Vianna, 1952.

assumi incertezas. Espécie de medo? Como que o medo, então, era um sentido sorrateiro fino, que outros e outros caminhos logo tomava. Aos poucos, essas coisas tiravam minha vontade de comer farto.

– "O sertão é bom. Tudo aqui é perdido, tudo aqui é achado..." – ele seo Ornelas dizia. – "O sertão é confusão em grande demasiado sossego..."

Essa conversa até que me agradou. Mas eu dei de ombros. Para encorpar minha vantagem, às vezes eu fazia de conta que não estava ouvindo. Ou, então, rompia fala de outras diversas coisas. E joguei os ossinhos de galinha para os cachorros, que ali nas margens esperavam, perto da mesa com toda atenção. Cada cachorro sungava a cabeça, que sacudia, chega estalavam as orelhas, e aparava certeiro seu osso, bem abocava. E todos, com a maior devoção por mim, e simpatias, iam passando os ossos para eu presentear aos cachorros. Assim eu mesmo ria, assim riam todos, consentidos. O menino Guirigó comeu demais, cochilava afundado em seu lugar, despertava com as risadas. Aquele menino já tinha pedido que um dia se mandasse costurar para ele uma roupa, e prover um chapéu de couro para o tamanho de sua cabeça dele, que até não era pequena, e umas cartucheiras apropositadas. – "Tu é existível Guirigó... Vai pelos proveitos e preceitos." – eu caçoava. Aí caçoei: – "Duvidar, é só dar um saco vastoso na mão dele, e janela para pular, para dentro e para fora: capaz de supilar os recheios e pertences todos duma casa-grande de fazenda, feito esta, salvo que seja..." E eu bem que já estava tomando afeição àquele diabrim. Pois, com o Guirigó, as senhoras e moças conversavam e brejeiravam, como que só com ele, por criança, elas perdessem o acanhamento de falar. Mas o seo Ornelas permanecia sisudo, faço que ele afetava de propósito não reparar no menino. Pelo tudo, era como se ele reprovasse minha decisão de trazer para a mesa semelhantes companhias. O menino e o cego Borromeu – aqueles olhos perguntados. – "As colheitas..." – seo Ornelas supracitava. Homem sistemático, sestronho. O moderativo de ser, o apertado ensino em doutrinar os cachorros, ele obrava tudo por um estilo velhoso, de outras mais arredadas terras – sei sei sei. E quase não comia. Só, vem outra, jogava na boca um punhado seco de farinha.

– "Oxalá, o senhor vai, o senhor venha... O sertão carece... Isto é, *um homem forte*, ambulante, se carece dele. O senhor retorne, consoante que quiser, a esta casa Deus o traga..." (*GSV*, p.427-8, grifo meu)

A última observação de seo Ornelas, da necessidade no sertão de "um homem forte", provocou Riobaldo, que entendeu não entendendo, pois não encontrava resposta para ela, ficou embaraçado, sentindo-se como quem não estivesse à altura da conversa nem tivesse gabarito bastante para ela, "feito se estivesse pego numa ignorância – mas que não era de falta de estudos ou inteligência, mas uma falta de certos estados". O sentimento dessa "falta", como de argúcia e capacidade de sutilezas para continuar a conversa, despertou nele os instintos até então represados. O seo Ornelas deve ter percebido o que se passava com o herói, mas não adiantou, mesmo depois de tentar consertar o que dissera, falando humildemente: "Pois maior honra é a minha, meu Chefe: que em posto de dono, na pobreza desta mesa, somente homens de alta valentia e valia de caráter se sentaram...". Não adiantou, Riobaldo ficou tomado por certa ferocidade e se comparou a uma mula querendo escoicear: "Dobrei, de costas, castanheteei para os cachorros. Assim ele havia de sentir o perigo de meu desprazer; havia de recear, de mim, aquilo – como o outro diz: ...quando o burro dá as ancas!...". E a sua perda do autodomínio não parou aí; quando percebeu os olhos de Diadorim e viu que o vigiava, ele voltou-se para uma das mocinhas de lá, "a mais vistosa de todas". Era uma neta de seo Ornelas, e é muito interessante a descrição sintética que Riobaldo faz dela, vestida com as cores da bandeira do estado de São Paulo: "A mocinha essa de saia preta e blusinha branca, um lenço vermelho na cabeça – que para mim é a forma mais assentante de uma mulher se trajar". Por coincidência ou não, Ivete Vargas, a sobrinha neta de Getúlio que mais se sobressaiu na política, fincou a sua base justamente nesse estado, onde foi uma das lideranças também mais destacadas do PTB, partido pelo qual foi deputada por longos anos. Embora essas identificações não sejam importantes para a compreensão do romance, não deixam de nos surpreender como o autor se serviu também da matéria histórica muito secundária para as suas altas elaborações. Ou, de modo mais elucidativo, como as suas representações só se revelam em toda complexidade de significações quando, pelas informações externas, conseguimos desvendar que os materiais que lhes dão corpo e sustentação não são só arbitrários e realizam motivações puramente estéticas.

Os mesmos freios civilizatórios que ele tendia a perder com seo Ornelas, acontecia também com relação à neta, o que deixava o velho fazendeiro apreensivo, como se estivesse ocorrendo ali uma atração perigosa do jagunço por ela. Pelo narrado, não é possível saber se essa atração era mútua, a única reação descrita dela é a de que enrubescia, quando ele puxa conversa com ela e lhe pergunta o nome: "ela avermelhou as faces". O que pode ter sido apenas por acanhamento. Ele repara nas suas mãos bonitas e diz como ela lhe lembrava o balanço gelatinoso do pudim no prato, nos termos e usos do sertão: "Assussurrada, só gostei de ver como ela se mexia por ficar quieta – vergonhosa como uma coalhada no prato". Nesse momento, de fato, a violência eclode na cabeça do herói: ele se vê matando o velho com um tiro entre os olhos, Diadorim dominado pelos seus comparsas, e ele se apossando da mocinha, que esperneava, "eu agarrava nos braços". Porém, ele se contém, como se conteve também quando cobiçou a mulher do Hermógenes ao aprisioná-la, embora por outras razões: "Tive um receio de vir a gostar dela como fêmea. Meio receei ter um escrúpulo de pena; certo não temi abrir razão de praga". Talvez como a praga que a última moça estuprada por ele lhe rogou. O que o conteve agora, ao contrário, não foi o temor da praga, mas uma grande *iluminação*, uma verdade que se lhe revelou com espanto. Ele diz, "uma razão maior – que é o sutil estatuto do homem valente". Isto, quando percebeu que a sua força tanto poderia servir para ameaçar como para proteger, "eu gostava de dar a ela muito forte proteção". O que ocorreu para ele foi uma espécie de reconhecimento de que se precisava de muito mais valentia para conter a violência do que para exercê-la. Foi esse sentimento que acabou imperando nele, o gozo do uso da força para se superar e se conter, com isso tolher a violência da qual era ele a fonte. É muito sugestivo acompanhar a sua decisão e o modo fortemente expressivo que usou para descrevê-la, igual a uma vontade que o fez se ultrapassar e se tornar quase num *outro*, como já havia acontecido no pacto, ou um seu desdobramento num outro, um estranho: "aquele jagunço Riobaldo".

> *Mas eu não quis! Ah, há-de-o, quanto e qual não quis, digo ao senhor*: e Deus mesmo baixa a cabeça que sim: ah, era um homem danado diverso, era, eu – aquele jagunço Riobaldo... Donde o que eu quis foi oferecer garantia a ela, por sempre. Ao que debati, no ar, os altos da cabeça. Segurei meus cornos. Assim retido, sosseguei – e melhor. Como que, depois do fogo de ferver, no azeite em corpo de meu sangue todo, agora sochupei aquele vapor fresco, fortíssimo, de *vantagens de bondades*. (*GSV*, 1963, p.430-1, grifos meus)

Essa decisão e a forma nova de usar o poder o colocam no lugar do que foi para ele sempre o de um *outro*: de alguém capaz de apadrinhar, ele que até então só tinha sido apadrinhado. Para quem conhece a história da vida social brasileira, sabe como essa mudança, da dependência de padrinho para a própria existência ao poder de apadrinhar, equivale à passagem de uma extremidade à outra da sociedade, uma verdadeira mudança de classe.[9] Isso o faz exultar e

---

9 O que é interessante notar, é que essa dinâmica social, tal como representada na cena, apenas possibilitava a inversão das posições, de modo que um viesse a ocupar o lugar do outro. Ela, porém, não modificava as regras da vida social, ao ponto de permitir um maior nivelamento e, com isso, pudessem todos prescindir da instituição do apadrinhamento, *o compadrio*, que tanto perverte as apreciações do sujeito e seus méritos.

declarar, como alguém capaz de estender a ordem familiar e civilizatória pelo sertão e de ser o seu fiador:

> – "Menina, tu há de ter noivo correto, bem apessoado e trabalhador, quando for hora, conforme tu merece e eu rendo praça, que votos faço... Não vou estar por aqui, no dia, para festejar. Mas, em todo tempo, vocês, carecendo, podem mandar chamar minha proteção, que está prometida – igual e fosse padrinho legítimo em bodas!" (*GSV*, p.430-1)

Não foi à toa que depois do alívio e o regozijo geral com a sua atitude, numa conversa de varanda com o seo Ornelas, "homem dos sertões transatos", sertões que se viam também suprimidos pela sua sensatez, entre assuntos da jagunçagem e antigas chefias, o fazendeiro lhe contou um causo que presenciara na Januária, com o delegado dr. Hilário, "rapaz instruído social, de muita civilidade". O causo é bastante comentado pela crítica; foi uma brincadeira feita pelo dr. Hilário, quando, numa roda de conversa, chegou um capiau carregando a trouxa na ponta de um pau e perguntou pelo delegado, e este lhe disse que o delegado era um outro moço que estava ali ao lado, um tal de Aduarte Antoniano. Foi o que bastou para que o capiau desvencilhasse o pau da trouxa e com ele quebrasse a cabeça do Aduarte. Quando o dr. Hilário, moço apreciador de exemplos, disse-lhe, comentando o fato, "– *Pouco se vive, e muito se vê...*", o seo Ornelas lhe perguntou qual seria o mote. O delegado então lhe disse, e era um dito moral que explicitava justamente as posições diferentes nas quais seo Ornelas e Riobaldo se encontravam, intercambiando as suas posições, além de explicar porque o delegado podia ser considerado instruído, mais nas coisas da vida do que nas dos livros, quer dizer, não se deixar nunca passar pelo que não era, algo como o que estava fazendo o herói: "–'*Um outro pode ser a gente; mas a gente não pode ser um outro, nem convém...* – o dr. Hilário completou. Acho que esta foi uma das passagens mais instrutivas e divertidas que em até hoje eu presenciei...'". Se Riobaldo, na hora, tivesse associado o mote do causo com a sua situação, ele, como um grande senhor, conversando na varanda com seo Ornelas, veria que era ele que estava se colocando na posição do outro e não o fazendeiro, de modo que seria ele que correria o risco de levar a paulada na cabeça. Isso talvez tivesse colocado um grilo na sua ideia, que o impediria da mesma satisfação horaciana de seo Ornelas. E vale a pena recordar o julgamento final de Riobaldo sobre o episódio, como ele lhe foi também útil e não só divertido, como bem ponderou o compadre Quelemém:

As partes, que se deram ou não se deram, ali na Barbaranha, eu aplico, não por vêzo meu de dar delongas e empalhar o tempo maior do senhor como meu ouvinte. Mas só porque o compadre meu Quelemém deduziu que os fatos daquela era faziam significado de muita importância em minha vida verdadeira, e entradamente o caso relatado pelo seo Ornelas, que com a lição solerte do dr. Hilário se tinha formado. Aí, narro. O senhor me releve e suponha. (*GSV*, p.434)

*

Em 24 de agosto de 1954, Getúlio Vargas, presidente democraticamente eleito do Brasil, suicidou-se. O ineditismo não estava no fato disso ter acontecido pela primeira vez na vida política do país, mas no seu aspecto trágico, numa esfera que tinha sido sempre representada como a da comédia: nela, a mudança política havia sido figurada mais com a cara da graça humorística do que com a do terror jacobino. Conforme a sempre citada representação de Machado de Assis, no *Esaú e Jacó*, da passagem da Monarquia à República, alegorizada como uma simples troca de tabuletas da mesma confeitaria. Nessa esfera, no país, tudo acabava sempre em acomodação, conciliação e soluções de compromissos. Por isso o drama só poderia ser entendido no plano do mito do eterno retorno ou da repetição do mesmo e não no da história das mudanças profundas. Agora não, um homem sacrificava a própria vida, derramava o seu sangue como o último recurso para dar ao gesto uma dimensão política e afirmar na última carta as próprias convicções. O fato ganhava seriedade por ter sido selado com o próprio sangue. Esse sacrifício do pessoal ao público de modo tão incisivo era uma coisa inédita e destoava da nossa tradição. O que o ato significou pode ser bem percebido na palinódia de um dos seus algozes mais "civilizados" e "liberais" da UDN, o sempre respeitável Afonso Arinos de Mello Franco. E ele foi sincero bastante para reconhecer a ânsia parricida e cruel que movia as nossas elites:

> Foi um drama. A crise virou drama pessoal e o drama pessoal transformou-se em drama nacional. Para mim aquilo também foi um trauma, porque de repente eu senti a participação que nós tínhamos tido naquele episódio todo. Quando eu soube da morte dele, tive um sentimento de filho e pensei no meu pai. Eu me lembrei dos filhos dele, era só essa ideia que eu tinha. Ele ficou acuado como um cão dentro daquele palácio, os lobos atacando, atacando, e ele fugindo, fugindo, até acabar fechado dentro de um quarto e se matar, e não ter ninguém para atender. Isso me desgostou, me deu um enjoo, não sei, é muito difícil... (Lima, 1986, p.267)

Apesar do remorso, os mesmos guardiões da moral da cidade continuaram apelando para as Fúrias contra outros e outros e outros presidentes eleitos. Nesse mesmo ano de 1954, numa entrevista à revista *Visão*, de 23 de julho, portanto, um mês antes da tragédia, João Guimarães Rosa anunciou os seus dois novos livros: *Corpo de baile* e *Veredas Mortas* (o primeiro título do *Grande sertão: veredas*, que saiu publicado só dois anos depois, tempo suficiente para alterações, como a do título). Uma coisa podia não ter nada a ver com a outra, mas, para quem não secciona e isola o autor de seu tempo e dos eventos vividos (assim como do juízo destes), os fatos acima narrados e o lugar que seo Ornelas, o fazendeiro das Veredas Altas, ocupa no romance sugerem a possibilidade de haver aí certo reconhecimento e certa homenagem. Sem deixar de nos levantar a pergunta, se eles não teriam também contribuído para a mudança do título do romance, no de um sertão com as suas *Veredas Altas* também, além das *Mortas*, onde havia ocorrido o arcaico do pacto, e as ameaças de regresso que o herói ainda iria enfrentar, como veremos.

4
A segunda travessia do Sussuarão
Deriva e regresso[1]

No mar do sertão, à deriva

Se quisermos entender a nova condição do herói, a de chefe, temos que voltar a prestar atenção em todos os seus nomes, que correspondem às suas origens e heranças: Riobaldo, como um rio largo de planície e meandroso, que, com dificuldades e oscilações, cava o seu leito raso no mar aberto do sertão. Ele não anda em linha reta, vai em zigue-zague, como também uma outra sua denominação, a de "Cerzidor", o vaivém de uma costura que lembra a cicatriz. Pouco lhe foi dado, tudo dependeu muito da sorte e acasos do que encontrou pelo caminho, de curiosidade, observação, intuição, oportunidade, impulsos e de uma virtude inata, principalmente, a boa pontaria, o tiro certeiro. No momento em que ele deixa a fazenda Barbaranha, depois de uma estada carregada de civilidades e positividades, trazendo atrás de si aquele mundo de homens, ladeado pelo Borromeu e Guirigó, ele sabe que tem de ir em frente, é o comandante, mas não sabe para onde, tudo é incerto. Se antes, ele, como "braço d'armas", simplesmente acompanhava as chefias por ele escolhidas e os modelos a imitar, agora ele era e, como o chefe, deveria guiar. Mas, ser chefe

---

1 Uma versão inicial do último item deste capítulo foi publicada no ensaio "Antônio Conselheiro e Getúlio Vargas no *Grande sertão: veredas?*" (Roncari, 2007, p.85).

significava o quê? E, para onde irem? Estava então em suas mãos dar o rumo, apontar os caminhos, principalmente escolher entre o ramerrão da rotina de todos os dias dos outros ou criar novas perspectivas e possibilidades. Abria-se assim para ele um novo tempo de experiências, no qual seria ele o primeiro a ser testado. Não tinha mais os parâmetros de seo Ornelas para se comparar e, quando possível, imitar, ou então deveria esperar a chegada de um verdadeiro chefe, como Zé Bebelo? Este já se tinha ido e, em vários momentos, nas horas difíceis, ele é lembrado pelo herói com certa nostalgia: "recordação de Zé Bebelo. Só Zé Bebelo servia para apurar um impedimento desses, no deslindar". O herói se sentia só e os horizontes estavam nublados. Apenas Diadorim permanecia ali para lembrá-lo da missão que tinham, de combaterem o Hermógenes e se vingarem da morte de Joca Ramiro. Porém, a relação entre os dois estava mais tensa do que de costume, acentuava-se entre eles a dicotomia de atração e repulsa. Diadorim acreditava que Riobaldo havia feito o pacto e estava possuído, por isso enviara um recado a Otacília, para que rezasse por ele, e, em alguns momentos, chamava a sua atenção para isso, como quando lhe disse: "Você quer dansação e desordem...", e concluía: "o que está demudando, em você, é o cômpito da alma". Ele próprio tinha dúvidas, sabia que procurara o pacto, mas não acreditava que o tivesse feito de fato, o diabo não viera e nada havia acontecido externamente; mas ficara uma dúvida, sabia que havia mudado, porém continuava sendo o que sempre fora e cada vez mais; era como se tivesse atravessado o rio Jordão ao contrário, estava em seus avessos. Ele mesmo percebe os seus desdobramentos, que ele era ele e outro ao mesmo tempo: "Acho que eu não era capaz de ser uma coisa só o tempo todo". Assim oscila em tudo, entre realizar as aspirações do grupo jagunço e seguir os seus desejos bucólicos-sentimentais:

> Desejar de minha gente, seria que se atravessasse o do-Chico – ir em cata de vilas e grandes arraiais, adonde se ajustar pagas e alugar muitos divertimentos. Conforme no renovável servisse: ir aonde houvesse política e eleição. Sabia disso. Eu não era pascácio. Um chefe carece de saber é aquilo que ele não pergunta. E mesmo eu sempre tive diversas saudades.
>
> Reprazia, para mim, um dia reverter para o rio das Velhas, cujos campais de gado, com coqueiral de macaúbas, meio do mato, sobre morro, e o grande revoo baixo da nhaúma, e o mimoso pássaro que ensina carinhos – o manuelzinho-da-crôa... Diadorim, eu gostava dele? (*GSV*, p.439)

Na sua deriva ele passa por vários testes. Sem nenhuma dificuldade assiste a um parto complicado, mas que nada exige dele, a sua única ação foi tirar uma cédula de dinheiro, dar à mulher e lhe dizer que o filho deveria se chamar Riobaldo. Bastou isso, o menino nasceu e a dona lhe agradeceu com lágrimas nos olhos, "rebeijou minha mão...". A seguir ele tem dois encontros na estrada. Um, com um sujeito bem-apessoado e aparentemente de posses, nhô Constâncio Alves, que dizia ser de sua terra, "nado no pé da serra de Alegres". De início, o herói o trata bem, mas, depois, o seu impulso foi de matá-lo, como se fosse coisa do capeta: "de repente, quem mandava em mim já eram os meus avessos [...] porque, sem prazo, se esquentou em mim o doido afã de matar aquele homem, tresmatado"; e nem era somente para ficar com o dinheiro dele, pois, pelos receios que o outro demonstrava, parecia bastar pedir-lhe o que fosse que entregaria tudo o que tivesse. Porém, vem de dentro dele, como de um anjo da guarda, "uma minha-voz, vozinha forte demais", vinda de um fundo onde o demônio não conseguiria entrar. Essa era uma fala já por si prenhe de contraditoriedades, composta como um oximoro por dois termos que se excluíam, "vozinha forte demais", e ela o contém e lhe recomenda: "toma tento, Riobaldo: que o diabo fincou pé de governar tua decisão!". Ele freia os impulsos e se pergunta: "o demo então era eu mesmo?".

Ele sonda se de fato nhô Constâncio dizia a verdade, de que era de sua terra, e lhe pergunta se ele conhecia de lá um tal de Gramacedo, como se tivesse a certeza de que ele não existisse e fosse só uma invenção para pegá-lo na mentira. Porém, numa outra passagem, bem no início da narrativa, esse Gramacedo era para ele alguém de quem tinha ódio, como do padrinho Selorico Mendes, por poder ter sido também um seu possível pai, padrasto ou algum amasiado de sua mãe, junto a quem foram talvez agregados.[2] Nessa primeira passagem, parece que o Gramacedo existira de fato, o que fica em contradição com o que a narrativa nos levava a supor agora, que era só uma invenção do herói para pegar um mentiroso. Porém, nhô Constâncio Alves diz que nunca tinha ouvido falar dele, assim confirmaria, para Riobaldo, o que lhe havia dito, de que era de sua terra. O herói, que estava pronto para matá-lo, se contém, para alívio dos

---

2 Ainda no início do romance, ele diz: "a coisa mais alonjada de minha primeira meninice, que eu acho na memória, foi o ódio, que eu tive de um homem chamado Gramacedo... Gente melhor do lugar eram todos dessa família Guedes, Jidião Guedes; quando saíram de lá, nos trouxeram junto, minha mãe e eu. Ficamos existindo em território baixio da Sirga, da outra banda, ali onde o de-Janeiro vai no São Francisco, o senhor sabe. Eu estava com uns treze ou quatorze anos..." (GSV, p.42). A mesma idade de seu primeiro encontro com Diadorim.

dois, pois, ele que havia decidido pela morte do outro, recua e conclui, como Cristo resistiu à terceira tentação: "arejei que toda criatura merecia tarefa de viver [...] Um anjo voou dali? Eu tinha resistido *a terceira vez*". Então, o herói permitiu que ele fosse embora, mas não deixou de ficar com o seu dinheiro. Razão prática que aprendera com Zé Bebelo, como no caso mítico-freudiano do assassinato do Rudugério de Freitas. O antigo chefe deixou de condenar os dois irmãos que haviam matado o pai, porque este tinha obrigado um deles a matar o outro pelo fato deste ter roubado o sacrário de ouro da igreja da abadia. Em combinação, ambos decidiram cumprir o pai, e "enfeitaram as foices, urdindo com cordões de embira e várias flores", simulando um sacrifício à "Puríssima, Nossa Mãe". Zé Bebelo, vendo a razão dividida entre as partes, pai mandante e irmãos assassinos, e divulgando que a Santa os perdoaria, por terem preme-ditadamente enfeitado a foice para a execução em sua homenagem e respeito, sabiamente, os absolveu com decisão: "'Perdoar é sempre o justo e certo...' pirlimpim, pimpão". Mas, para não deixá-los também sem castigo, requisitou para o bando a gorda boiada deles (*GSV*, p.73).

Porém, o herói se sentia ainda em dívida com os seus avessos, "para me pacificar e enterter o Outro". Assim, como se tivesse ficado devendo uma morte ao demônio, ele promete pagar com o primeiro que surgisse na estrada, o qual seria o seu quarto teste. O primeiro foi o fato de ter poupado a sobri-nha neta do seo Ornelas e se contido; o segundo tinha sido o parto, contado como se tivesse sido ele que havia dado a vida ao menino, que deveria ter seu nome, Riobaldo, outro filho de ninguém como ele, mas também um seu renas-cimento, agora talvez com melhor sorte. O terceiro foi com nhô Constâncio Alves, que, por não ter-lhe tirado a vida, ficou como se ele que a tivesse pro-piciado. Agora, três léguas adiante, vinha o "desgraçado do homenzinho-na--égua, com o cachorro dele". Aí, Riobaldo se vê obrigado a tomar uma decisão salomônica. Ele se apieda do homenzinho com jeito de bicho, que "tinha cara de focinho", e diz que quem tinha avistado primeiro havia sido o cachorrinho e não o dono, por isso seria aquele que deveria morrer. Depois ele se apieda também do cãozinho e diz que tinha sido a égua que vira primeiro, o que todos aprovam, como se fossem jagunços moles. Quando o herói se preparava para sacrificar a égua, pensa nos castigos que poderiam advir "por meus des-mandos" e se sente enredado na desastrada estória que ele próprio inventara para si. Porém, quem o livrou da situação foi o Fafafa, que lhe disse: "Nosso Chefe, com vênia eu peço: o senhor aceite de eu pagar em dinheiro o preço deste inocente animal, que seja poupado... A eguinha não é de todo ruim...". Depois de exaltá-lo como chefe, "Nosso Chefe", e a atitude respeitosa, "peço vênia", o Fafafa precisou pouco para convencê-lo a conceder a vida também ao animal, após tê-la cedido ao homenzinho e à cachorrinha. Isto fez com que os seus jagunços dissessem que ele tirava "mais finíssimas artimanhas do que Zé Bebelo próprio..." e o comparassem a Medeiro Vaz. Quem se deixara levar de início pelo impulso de matar, acabara conduzido por alguma outra força, vinda de si mesmo para a doação da vida e com o reconhecimento de seus seguidores. O que lhe abre a oportunidade de pronunciar um discurso sentencioso e nos seus termos, como saído de um tribunal, embora sempre lhe ficasse um rabo de dúvidas quanto aos próprios méritos:

> – "Delibero o certo: o primeiro que eu vi, foi essa égua. Ela tinha de receber a morte... Ah, mas égua não é gente, não é pessoa que existe. E que? Ah, então, não é cabível que se mate a égua, por tanto que a minha palavra decidida era de se matar um homem! Não executo. A alçada da palavra se perdeu por si e se gastou – pois não está dito? Acho e dou que o negócio veio ao terminado."
>
> Verdadeiramente, com alegria, foi que todos me aprovaram. Ou seja que me admiravam em real, pela esperteza de toda solução que eu achava; e mesmo nem sabiam que essas minhas espertezas eram cobradas da manha do Tentador. Contente, tanto, e descontente comigo, era que eu estava. Porque essas coisas, de certo modo, me tiravam o poder do chão. Mas, uma na outra, eu limpei o seco de minhas mãos. (*GSV*, p.451-2)

Foi nessa deriva, mais largado nas mãos da sorte do que propriamente decidindo, sempre hesitante, e não só quanto ao caminho a seguir, mas também ao amor a se apegar, entre Otacília e Diadorim, que o leva a se perguntar: "Eu era dois, diversos? O que não entendo hoje, naquele tempo eu não sabia". Ele oscilava entre o impulso e o projeto, a emoção e a razão, sabendo bem que nem sempre se tratava de uma escolha entre o bem e o mal, o certo e o errado, como quando encontrou com um leproso em cima de uma árvore e se lembrou de Medeiro Vaz. Este também havia se defrontado com um lazarento numa goiabeira, que esfregava a ferida nas frutas para disseminar a doença aos outros. O grande chefe o matou e tinha todas as boas razões para fazê-lo; ele era um verdadeiro chefe, uniforme e coerente nas suas decisões, modelo de Riobaldo e não dividido como ele. Foi esse o primeiro impulso também que teve o herói, o de matar o seu leproso, mas, em parte pela sorte e pelo acaso não o executa, pois chega Diadorim e o intima, já que ia matar, que o fizesse à faca: "mata com tua mão cravando faca – tu vê que, por trás do podre, o sangue do coração dele é são e quente...". Isto o lembra da inumanidade do ato e o divide ainda mais, ele que já estava atrapalhado, agora se apieda do coitado; mas, por sorte, comete um lapso, seu revolver lhe escapa da mão, voluntária ou involuntariamente, e, com a sua desatenção, o coitado se aproveita para fugir. De modo que, pelas circunstâncias, ele é salvo de sacrificar um inocente.

Desde o pacto, Riobaldo contava com uma espécie de proteção, por isso ele rezava muito, e sabia também que seguia um tipo de *script* de um drama teatral não escrito por ele. Mas compreendia que, em última instância, o rumo do justo também dependia dele, de sua ação. Só ela era capaz do difícil, do caminho estreito, mais a ser descoberto do que criado, para se chegar ao "verdadeiro viver". Para tanto, o sujeito precisava encontrar esse acordo entre a vontade de acertar, que resistia aos impulsos negativos e destrutivos, com a determinação do dado do mundo. Esta poderia ser firmada pelo transcendente, para quem, como ele, que apelava à reza, ou pela natureza, como a determinação do mundo que não conseguimos contrariar, já que independe de nossa vontade e reúne o resultado de todas as forças e ações de todos os homens. A responsabilidade do sujeito, agora a do chefe, que ele encarnava, era a de encontrar essa picada estreita que a todos desafiava e comprometia.

A sua reza, como tentativa de intervir junto ao transcendente, não tinha em vista salvar a sua alma, que tentara vender ao diabo no pacto, pois isto, de certo modo, do seu ponto de vista, todos faziam, muitas vezes mesmo sem o saber. Ela na verdade só lhe servia como apelo para fazer a escolha certa diante de cada caso e a cada hora para não se perder, do que dependia agora não apenas a sua vida, mas também a de seus homens e a sua fama, a sua fome de glória, o que também o preocupava sobremaneira. Ele queria que a sua memória estivesse na lembrança dos homens à altura da de Zé Bebelo e Medeiro Vaz, de modo que os seus feitos se transformassem numa narrativa heroica, para ser cantada por todos no sertão. Por isso, cada escolha sua tinha que ser singular e não se confundir com a de todos e o costumeiro. Para se chegar a isso, nem a sua vontade poderia reinar soberana, nem deveria o herói se deixar levar pela força da determinação como uma nau à deriva.

Foi guiado por essas preocupações que ele reagiu com os cinco urucuianos que tinham acompanhado Zé Bebelo, quando de seu retorno do ostracismo. Estes vieram até ele e lhe disseram que queriam deixar o bando e retornar a Goiás e para as suas vidinhas domésticas rotineiras, numa economia de subsistência, naquele sertão ainda abundante de terras devolutas: "Quartel de mandioca, em qualquer parte se planta; e o senhor derruba um mato, faz um chão bom, roça também se semeia...". E ele os deixou partir e levar todos os pertences, armas e cavalos, contrariando as regras da jagunçagem, que eram as de se deixar ir quando quisessem, mas não levassem o que não tinham trazido junto com eles. E Riobaldo lhes diz como não se guiava pelas leis estabelecidas: "O contrato de coragem de guerreiros não se faz com vara de meirinho, não é com dares e tomares".

[...] o que eu pelejei para achar, era uma só coisa – a inteira – cujo significado e vislumbrado dela eu vejo que sempre tive. A que era: que existe uma receita, a norma dum caminho certo, estreito, de cada uma pessoa viver – e essa pauta cada um tem – mas a gente mesmo, no comum, não sabe encontrar; como é que, sozinho, por si, alguém ia poder encontrar e saber? Mas, esse norteado, tem. Tem que ter. Se não, a vida de todos ficava sendo sempre o confuso dessa doideira que é. E que: para cada dia, e cada hora, *só uma ação possível da gente é que consegue ser a certa.* Aquilo está no encoberto; mas, fora dessa consequência, tudo o que se eu fizer, o que o senhor fizer, o que o beltrano fizer, o que todo-o-mundo fizer ou deixar de fazer, fica sendo falso, e é o errado. Ah, porque aquela outra é a lei, escondida e vivível mas não achável, do verdadeiro viver: que para cada pessoa, sua continuação, já foi projetada, como o que se põe, em teatro, para cada representador – sua parte, que antes já foi inventada, num papel...

Ora, veja. Remedeio peco com pecado? Me torço! Com essa sonhação minha, compadre meu Quelemém concorda, eu acho. E procurar encontrar aquele caminho certo, eu quis, forcejei; só que fui demais, ou que cacei errado. Miséria em minha mão. Mas minha alma tem de ser de Deus: se não, como é que ela podia ser minha? O senhor reza comigo. A qualquer oração. Olhe: tudo o que não é oração, é maluqueira... Então, não sei se vendi? Digo ao senhor: meu medo é esse. Todos não vendem? Digo ao senhor: o diabo não existe, não há, e a ele eu vendi a alma... Meu medo é este. A quem vendi? Medo meu é este, meu senhor: então a alma, a gente vende, só, é sem nenhum comprador...

Divulgo o meu. Essas coisas que pensei assim; mas pensei abreviado. O que era como eu tivesse de furtar uma folga nos centros de minha confusão, por amor de ter algum claro juízo – espaço de três credos. E o resto já vinha. O senhor verá, pois. (*GSV*, p.456-7, grifo meu)

Ser chefe: luz e graça

Foi em meio a esse percurso ziguezagueante, entre encontros e desencontros, uns mais significativos, outros menos, e especulações não menos labirínticas sobre a vida, o destino, Deus e o diabo, "só andava às tortas, num lavarinto", que Riobaldo, como numa iluminação, diz: "Arte que eu achei o meu projeto". "Arte" e "projeto", são as duas palavras que envolvem atividades intelectuais que rompem com aquele perambular ao léu, incerto e acidentado. De repente, sem se saber por que e como resultado do quê, além da saturação do episódico e especulativo, como se tivesse acordado novamente em sua mente a missão na qual estavam empenhados, parece que tudo lhe ficou claro e, praticamente, pela primeira vez, sem hesitações, ele tomou uma decisão. Sem avisar nem consultar ninguém, inteiramente à revelia dos demais, e pelo que parecia ser a escolha "do impossível", decidiu retomar o antigo projeto de Medeiro Vaz, que havia se frustrado: o de atravessar o liso do Sussuarão, para atacar por trás e de surpresa a fazenda do Hermógenes e capturar a sua mulher: "eu dava as costas à cobra e achava o ninho dela, para melhor acerto". Isto o obrigaria a vir afrontá-los para resgatá-la.

> Arte que eu achei o meu projeto.
>
> Só digo como foi, do prazer mesmo sai a estonteação, como que um perde o bom tino. Porque viver é muito perigoso... Diadorim, o rosto dele era fresco, a boca de amor; mas o orgulho dele condescendia uma tristeza. Matéria daquilo que me desencontrava; motivo esse que me entristeceu? A nenhum. Eu já estava chefe de glórias. Nem Diadorim não duvidava do meu roteiro – que fosse para encontrar o Hermógenes. Desse jeito a gente ia descendo ladeiras. Ladeiras areentas e com pedras, com os abismos dos lados; e tão a pique, que podiam rebentar os rabichos dos arreios, no despenhado; no ali descer os cavalos muito se agachavam de ancas, feito se os pescoços deles se encompridassem; e montões de pedras para baixo rolavam. Até ri. Diadorim ainda cria mais no meu fervor em se ir perseguir o Hermógenes. Essas ladeiras era que me atrasavam. Depois dali, eu ia ter muita pressa demais.
>
> Agora, o senhor saiba qual era esse o meu projeto: eu ia traspassar o Liso do Sussuarão! (*GSV*, p.473)

Apesar de todos os cuidados e preparativos que Medeiro Vaz tinha feito quando da primeira tentativa de travessia do Sussuarão, ela havia se frustrado diante das dificuldades encontradas naquele deserto árido de pedra e areia, inóspito, sem água e vida de qualquer espécie. Assim, Medeiro Vaz e seu bando tiveram que retornar.[3] Mas agora não, na segunda tentativa, o chefe Riobaldo

---

3 Sobre os aspectos mais míticos e simbólicos dessa segunda travessia já discorri em meu livro anterior (Roncari, 2004, p.236).

se mostrava inteiramente confiante. Ele não se preocupara com nenhum preparativo, entrou no Sussuarão descuidado, como os pássaros do céu e os lírios do campo do Evangelho de Mateus, e o Liso se lhe revelou como um campo dadivoso, riquíssimo, com uma flora e fauna próprias e intumescido de águas. A descrição que o herói narrador faz agora da paisagem desértica é altamente expressiva: o exótico substitui a aridez das coisas; a flora e o terreno, com a esquisitice dos seus nomes, têm em vista nos produzir a impressão de uma abundância oculta e que agora se revelava na sua riqueza, como se tivessem entrado mais num jardim feérico do que no deserto:

> Mesmo, não era só capim áspero, ou planta peluda como um gambá morto, o cabeça-de-frade pintarroxa, um mandacaru que assustava. Ou o xique-xique espinharol, cobrejando com suas lagartonas, aquilo que, em chuvas, de flor dói em branco. Ou o cacto preto, cacto azul, bicho luiz-cacheiro. Ah, não. Cavalos iam pisando no quipá, que até rebaixado, esgarço no chão, e começavam as folhagens – que eram urtigão e assa-peixe, e o neves, mas depois a tinta-dos-gentios de flor belazul, que é o anil-trepador, e até essas sertaneja-assim e a maria-zipe, amarelas, pespingue de orvalhosas, e a sinhazinha, muito melindrosa flor, que também guarda muito orvalho, orvalho pesa tanto: parece que as folhas vão murchar. E herva-curraleira... E a quixabeira que dava quixabas.
>
> Digo – se achava água. O que não em-apenas água de touceira de gravatá conservada. Mas, em lugar onde foi córrego morto, cacimba d'água, viável, para os cavalos. Então alegria. E tinha até uns embrejados, onde só faltava o buriti: palmeira alalã – pelas veredas. E buraco-poço, água que dava prazer em se olhar. Devido que, nas beiras – o senhor crê? – se via a coragem de árvores, árvores de mata, indas que pouco altaneiras: simaruba, o aniz, canela-do-brejo, pau-amarante, o pombo; e gameleira. A gameleira branca! (GSV, p.479)

A Riobaldo bastava a confiança em si para que o mundo ativo e provedor cuidasse daqueles que a tinham, o que poderia ir até à utopia: "Pois os próprios antigos não sabiam que um dia virá, quando a gente pode permanecer deitada em rede ou cama, e as enxadas saindo sozinhas para capinar roça, e as foices, para colherem por si, e o carro indo por sua lei buscar a colheita, e tudo, o que não é o homem, é sua, dele, obediência?". De modo que a travessia, na verdade, era feita sem a "arte" e o "projeto" de astúcia e inteligência, mas apenas com a confiança de quem se entregava nas mãos do destino: "Isso, não pensei – mas meu coração pensava. Eu não era o do certo: eu era o da sina!". E assim o herói e seu bando se jogam pelo Liso e ele os supre do que necessitam. O único cuidado que tomam é o de se dividirem em grupos de poucos, distantes um do outro, de modo que, quando um se deparasse com algo que fosse do interesse de todos avisasse os demais por um sinal, "chamando os outros para novidade boa".

Conforme já estudei em meu livro anterior, se acentua nessa travessia a dança que Riobaldo e Diadorim encenam de atração e repulsa, como os movimentos do Sol e da Lua, que ora estão em posições opostas extremas, "no meio reino do sol, era feito parássemos numa noite demais clareada", como o Sol do meio-dia e a Lua cheia da meia-noite; é essa a posição que ocupam no início da aventura, "estávamos desencontrados", quando a distância e frieza do herói para com o companheiro eram máximas. E ora se atraem e correm o risco de se confundirem num eclipse perigoso, "da hóstia de Deus no ouro do sacrário", objeto ritual que tem estampado em sua porta o Sol simbólico, então a hóstia aparece como a Lua atrás do Sol. E mostrei como isso é representado em imagens enigmáticas como a da hóstia na custódia. Na verdade, esse movimento entre Riobaldo e Diadorim corre no sentido de um tender a ocupar o lugar do outro, como numa troca de posições: o herói caminha para superar a sua distância de origem e formação, revelada na definição que adquire de si e na coragem de Diadorim que ele assume, "Sol em glória"; e Diadorim passa a aspirar, depois da guerra terminada, a ir para o posto subordinado do companheiro, como ele mesmo lhe confessa: "...Riobaldo, o cumprir de nossa vingança vem perto... Daí, quando tudo estiver repago e refeito, um segredo, uma coisa, vou contar a você...".

Esse trânsito de um para o lugar do outro tem a sua concretização final no episódio da morte do jagunço Treciziano, "O bruto". Riobaldo o mata como se fosse o próprio demônio, "chefe eu – o O não me pilhava...", reduzido a um simples artigo definido na maiúscula, que morreu fazendo uma careta: "Era o demo, por escarnir, próprio pessoa!". Porém o mata não a tiro, a sua habilidade mais identificadora, a boa pontaria (como já vimos era ela também a arma dos covardes, que podiam matar também à distância e pelas costas, do que o herói já tinha dado boas mostras), mas com a arma mais própria de Diadorim, inclusive com a que mata o Hermógenes e é morto por ele, à faca, a arma dos valentes que lutam frente a frente: "Fosse de tiro, tanto não admiravam a tanto, porque a minha fama no gatilho já era a qual; à faca, eh, fiz!". Com isso, ele já era o outro inteiro, a passagem tinha se realizado na segunda travessia: "a minha chefia era com presteza". Ele se banhara no sangue do outro, "o sangue. Aquele, em minha roupa, a plasta vermelha fétida. Do sangue alheio que grosso me breava", o que não escapa aos olhos e julgamentos de Diadorim, que o acompanhava: "Diadorim me olhava – eu estivesse para trás da lua". O companheiro-Lua, que estava atrás do Sol, feito "hóstia na custódia", dessa vez era quem trocava de posição e ficava Riobaldo, lavado pelo sangue do sacrifício, que "estivesse para trás da lua". Com essa demonstração de valentia, na travessia do deserto, ele se realiza e passa a ocupar mais plenamente a posição que o amigo havia ocupado quando de outra travessia, a do São Francisco, no Rio-de-Janeiro.

Agora, com a mesma facilidade com que atravessaram o Sussuarão, derrotam com uma selvageria extrema o povo que defendia a fazenda do Hermógenes, capturam a sua mulher e a carregam com a esperança de que o marido viesse resgatá-la. O modo feroz como realizam isso, creio que vale a pena citar, para melhor conhecermos o herói investido da chefia e as regras do sertão:

> O que se matou e estragou – de gente humana e bichos, até boi manso que lambia orvalhos, até porco magro em beira de chiqueiro. O mal regeu. Deus que de mim tire, Deus que me negocie... À vez. [...] Para mim, ela nunca teve nome. Não me disse palavra nenhuma, e eu não disse a ela. Tive um receio de vir a gostar dela como fêmea. Meio receei ter um escrúpulo de pena; certo não temi abrir razão de praga. Muito melhor que ela não carecesse de vir. Ser chefe, às vezes é isso: que se tem de carregar cobras na sacola, sem concessão de se matar... (*GSV*, p.485-6)

As atrações do regresso

Riobaldo estava agora batizado pelo sangue e sagrado chefe na sua completude. Tinha também cumprido a travessia e chegado ao seu objetivo, a captura da mulher do Hermógenes. Na espera pelo reencontro com o inimigo, numa certa altura, ele e o bando se defrontam com um pobre velho. Teofrásio, o do Pubo que chefiava os catrumanos, aponta para ele a sua "garrucha antiquíssima", mas o herói não permite que atire e, por isso, considera ter-lhe salvo a vida. Num segundo momento, é assim que o descreve:

> Mas, no vir de cimas desse morro, do Tebá – quero dizer: Morro dos Ofícios – redescendo, demos com o velho, na porta da choupa dele mesmo. Homem no sistema de quase-doido, que falava no tempo do Bom Imperador. Baiano, barba de piassaba; goiano-baiano. O pobre, que não tinha as três espigas de milho em seu paiol. Meio sarará. A barba, de capinzal sujo; e os cabelos dele eram uma ventania. (*GSV*, p.489)

Em 14 de fevereiro de 1897, Machado de Assis publicou, na revista *A Semana*, uma crônica sobre a "celebridade" de Antônio Conselheiro. Ela fala de uma mulher simples que pedia ao vendedor de jornais uma folha que trazia o retrato do profeta. Esse retrato, na verdade, deve ter sido a ilustração caricata que Ângelo Agostini fez do Conselheiro para a revista *D. Quixote* no dia anterior, em 13 desse mês, a qual o mostrava sendo adorado como um messias pelos seus seguidores, e que hoje é reproduzida junto à crônica (ver Assis, 1973, p.763). Na gravura, o Conselheiro aparece como uma figura raquítica, com um chapéu cônico, possivelmente para significar a sua loucura, usando a túnica característica, e com os cabelos e a barba como os do velho descrito no *Grande sertão*. O que singulariza a ilustração de Ângelo Agostini é o fato de ele trazer, além do cajado de guia e pastor de homens na mão esquerda, também uma espingarda à bandoleira. A razão disso era a de confirmar o estigma e reafirmar o que todos diziam, que ele não era um profeta qualquer, mas um *profeta armado*, "O fanático e bandido", como diz a legenda da revista. Fora isso, todos os retratos elaborados de Antônio Conselheiro seguem a mesma linha: a magreza, o rosto encovado, os cabelos esvoaçantes, as barbas espinhentas, a túnica ou samarra, o cajado, os olhos delirantes do iluminado ou enlouquecido. Euclides da Cunha cita a descrição que frei de Monte Marciano fez dele em seu relatório, depois da visita frustrada a Canudos:

> Vestia túnica de azulão, tinha a cabeça descoberta e empunhava um bordão. Os cabelos crescidos sem nenhum trato, a caírem sobre os ombros; as longas barbas grisalhas mais para brancas; os olhos fundos raramente levantados para fitar alguém; o rosto comprido de uma palidez quase cadavérica; o porte grave e ar penitente. (Cunha, 1985, p.252)

Deve ter sido baseada nela a descrição que depois Euclides fez dele:

> E surgia na Bahia o anacoreta sombrio, cabelos crescidos até os ombros, barba inculta e longa; face escaveirada; olhar fulgurante; monstruoso, dentro de um hábito azul de brim americano; abordoado ao clássico bastão, em que se apoia o passo tardo dos peregrinos... (Cunha, 1985, p.215-6)

Para ficarmos só nas representações feitas no tempo dos acontecimentos, a descrição realizada por Afonso Arinos, cujo livro *Os jagunços* foi publicado em 1898, é mais detalhada e ficcionalizada, de modo a acentuar a dramaticidade da personagem, mas pouco muda com relação ao retrato sintético de Euclides, apesar de partir de um ponto de vista oposto. Para o escritor monarquista, nascido em Paracatu, extremo oeste de Minas, filho da oligarquia mineira, o sertão e o sertanejo não lhe eram estranhos nem desconhecidos, ao contrário, tanto quanto Paris, faziam parte da sua experiência e familiaridade. O seu sertão idílico, como descrito nos festejos e congadas do início de *Os jagunços*, compunha uma harmonia muito idealizada entre proprietários e empregados. Assim, para ele, o aparecimento de um profeta como o Conselheiro não era um fato estranho, desafiante e ameaçador, antes fazia parte do pitoresco e da curiosidade do lugar:

> A samarra de algodão encardido que vestia o corpo esquelético do enviado de Deus pareceu-lhe então a túnica dos santos; o rosto, extremamente pálido, os cabelos e as barbas crescidas eram tais quais os da imagem de São Francisco das Chagas, que o camarada vira na matriz de sua terra, ajoelhada e de braços abertos aos pés da imagem do Senhor Crucificado. [...]
>
> A idade não lhe vencera a indômita energia do corpo frágil, nem lhe deixara na fisionomia os avisos da Natureza ao homem, para que se apreste a pagar-lhe o tributo derradeiro. Os cabelos não se lhe branquearam; conservam-se grisalhos como dantes. Os olhos, porém, parece adquiriram mais fogo e o olhar mais amplitude. Vendo já meio realizado o seu sonho, o olhar do missionário não penetra somente no íntimo dos corações; rasga a vastidão do espaço, vence a carreira do tempo e tenta surpreender o segredo do futuro. (Arinos, 1985, p.118-9)[4]

No velho encontrado por Riobaldo, o que destoava desses retratos é que ele não portava um cajado e uma arma à bandoleira, como na gravura do Ângelo Agostini, mas apenas um porrete, que poderia servir-lhe também de cajado. É essa a sua característica maior, pois tudo nele era arcaico e lembrava o passado ou, em outros termos, era ultrapassado, até o conhecimento que tinha

---

4 As descrições que Robert B. Cunninghame Graham (2002, p.89) faz dele são um tanto contraditórias, mas não se distinguem do modelo comum. Numa, ele não portava chapéu: "Não usava chapéu e seus cabelos longos caíam sobre seus ombros. Sua barba era hirsuta e se espalhava sobre seu peito, lisa e bíblica. Sua roupa era uma túnica longa de fio rústico azul e se apoiava sobre o clássico cajado dos peregrinos, nodoso e torcido, mas lustroso pelo uso prolongado". Mas logo a seguir ele se desdiz: "Sua longa túnica azul sem cinto fazia-o parecer ainda mais magro do que era e mais macilento. Seu chapéu de peregrino, que usava geralmente pendurado sobre os ombros, à moda de um pastor de Tessália na época clássica, as sandálias que calçava e seus olhos muito abertos de olhar intenso davam-lhe o aspecto como de um messias louco do tipo oriental" (ibidem, p.90-1).

das coisas. Esse aspecto é enfatizado logo de início, quando Riobaldo se refere a eles, depois de descrever a sua aparência física:

> Perguntei uma coisa, que ele não caprichou entender, e o catrumano Teofrásio, que já queria se mostrar jagunço decisivo, o catrumano Teofrásio bramou – abocou a garruchona em seus peitos dele. Mas, que não deu tujo. Esse era o velho da paciência. Paciência de velho tem muito valor. Comigo conversou. Com tudo que, em tão dilatado viver, ele tinha aprendido. Deus pai, como aquele homem sabia todas as coisas práticas da labuta, da lavoura e do mato, de tanto tudo. Mas, agora, que tanto aforrava de saber, o derrengue da velhice tirava dele toda possança de trabalhar; *e mesmo o que tinha aprendido ficava fora dos costumes de usos.* Velhinho que apertava muito os olhos. (*GSV*, p.489, grifo meu)

E depois, quando descreve as suas armas, elas são igualmente ultrapassadas:

> Seria velhacal? Não fio. E isto, que retrato, é devido à estúrdia opinião que divulgou em mim esse velho homem. Que, por armas de sua personalidade, só possuía ali era uma faquinha e um facão cego, e um *calaboca* – porrete esse que em parte era *ocado e recheio de chumbo*, por valer até para mortes. E ele mancava: por tanto que a metade do pé esquerdo faltava, cortado – produção por picada de cobra – urutu geladora, se supõe. Animado comigo, em fim me pediu um punhado de sal grande regular, e aceitou um naco de carne de sol. Porque, no comer comum, ele aproveitava era qualquer calango sinimbú, ou gambás, que, jogando neles certeiramente o calaboca, sempre conseguia de caçar. Me chamou de: – "Chefão cangaceiro...". (*GSV*, p.489, grifos meus)

O arcaísmo das armas dos combatentes de Canudos é um fato ressaltado por todos os testemunhos. Aqui, o interessante a ser analisado é a forma de apresentação do porrete do Conselheiro, pois nela Guimarães utiliza duas fontes distintas: Euclides da Cunha e Afonso Arinos. É o primeiro que se refere a esse tipo de arma entre os jagunços, ao enumerá-las e ressaltando não só o seu arcaísmo, mas também como indicativas de seu estágio retrógrado:

> Por fim as armas – a mesma revivescência de estádios remotos: o facão *jacaré*, de folha larga e forte; a *parnaíba* dos cangaceiros, longa como uma espada; o ferrão ou *guiada*, de três metros de comprido, sem a elegância das lanças, reproduzindo os piques antigos; *os cacetes ocos e cheios pela metade de chumbo, pesados como montantes*; as bestas e as espingardas. (Cunha, 1985, p.233, último grifo meu)

Porém, o nome da arma, de "calaboca", foi dado por Afonso Arinos, ao falar também das suas velhices:

> Os jagunços quase não perdiam tiros, mas as armas eram todas de carregar pela boca e de pequeno alcance. Caboclos havia que tinham ainda muita fé nos trabucos, bacamartes, clavinotes, cala-bocas antigos. Esses parceiros não queriam saber de outras armas. Até espingardas pedreiras apareciam nas mãos de alguns, que juravam ser tais as armas de fiança. (Arinos, 1985, p.162-3, grifo meu)

O que torna mais evidente a amplitude das fontes de Guimarães, que não se resumem a Euclides e nem é ele a sua mais importante na representação que faz de Antônio Conselheiro, a qual procura simbolizar no romance o conjunto das experiências de Canudos, como veremos, está nesta frase um tanto enigmática, citada mais acima: "Mas, no vir de cimas desse morro, do Tebá – quero dizer: Morro dos Ofícios". Euclides, quando se refere à povoação do Belo Monte, chama-a, pelo menos por duas vezes, de "a *Troia* de taipa dos jagunços" (Cunha, 1985, p.169 e 231). Porém, ao falar do profeta e dos fatos de Canudos, quem se refere à Tebas e à *Tebaida* é Afonso Arinos (1985, p.133, grifo meu), quando diz ser Antônio Conselheiro "como os cenobitas da *Tebaida*". Posteriormente, Robert B. Cunninghame Graham (2002, p.89 e 121), que no seu livro transcreve trechos extensos de *Os sertões*, porém não cita Afonso Arinos entre as suas fontes, por duas vezes, compara também o Conselheiro a "um monge da *Tebaida*". A autocorreção feita pelo herói narrador Riobaldo mais acima, "do Tebá – quero dizer: Morro dos Ofícios", associa a cidade de Canudos não a um covil de bandidos dados à licenciosidade, como faz Euclides da Cunha (1985, p.239), quando diz "Canudos era o homizio de famigerados facínoras", mas a um lugar caracterizado pelo exercício pacífico da vida, onde predominavam as funções laboriosas. Era Afonso Arinos que se pautava por uma visão bucólica e virgiliana ao descrever o lugar e nos dá a melhor imagem da operosidade dos moradores de Belo Monte, ele que nascera, vivera e conhecia muito bem o sertão:

> A verdade é que, nem Taracatu, nem Simão Dias, nem Geremoabo, nem Monte Santo, nenhuma das cidadezinhas do sertão, ao norte, ao sul, ou à beira do São Francisco, era tão movimentada, tão trabalhadora e tão morigerada como Belo Monte, que o povo de fora chamava Canudos. A autoridade do Conselheiro era ampla e indiscutível; sua influência, tão profunda quanto o sentimento religioso que ele encarnava. [...]

Sua influência se estendia num raio vastíssimo de sertão, abrangendo terras de muitos estados; e essa influência era benéfica, porque nenhum outro poder humano conseguiria, como ele, domar aquele povo bravio, fazer dele um grande instrumento de disciplina, extirpando-lhe ao mesmo tempo as manifestações de banditismo. Aquela gente não sabia o que era roubo. A maioria das casas não tinha, por assim dizer, portas nem fechaduras.

E naquele povo todo reinava a abastança, filha do trabalho. Eles não conheciam o luxo, nem o que se chama erroneamente "conforto", aí pelas cidades grandes. Criavam seu gado, tinham os paióis sortidos e as roças plantadas, mas dormiam indistintamente em catres sofríveis, em jiraus, por cima de um couro na terra dura, sob a proteção de um teto, ou, então, ao relento. Não tinham horas nem refeições certas. Se o serviço lhes tomasse o tempo, alguma vaquejada, ou campeação difícil lhes ocupasse o dia, varavam indiferentemente de sol a sol, sem comer. (Arinos, 1985, p.165-6; ver também cenas nas p.128 e ss.)

A referência à Tebas, seja à de fonte cristã, o refúgio de cenobitas e eremitas no Egito, nos inícios da nova crença, como à bíblica e à greco-romana, só vem confirmar os temas centrais dos episódios de Canudos. No Velho Testamento, Tebas ou No-Amon (Jeremias, 46, 25; Ezequiel, 30, 14-16; e Nahum, 3, 8) aparece como a cidade condenada a ser devastada pela cólera de Jeová. E a epopeia latina, *Tebaida*, de Estácio, narra o cerco da cidade de Tebas e a luta fraticida pelo poder entre os dois filhos de Édipo, Polinices e Eteócles, como foi o massacre de brasileiros por brasileiros em Canudos. As duas últimas fontes se referem ao destino funesto da cidade.

Uma série de outras referências nos induz a tomar "o velho" pelo Antônio Conselheiro, como quando "falava no tempo do Bom Imperador", que poderia ser tanto d. Pedro II, como o rei Saturno da Idade de Ouro utópica. Sabemos hoje quanto eram controversas as afinidades do profeta do Belo Monte com o Império, assim como as acusações que faziam a respeito disso para justificar o combate e depois o massacre.[5] Também, por duas vezes, a narrativa repisa o lado *conselheiro* do velho, nesta passagem, importante também por outras razões:

---

5 Quem melhor precisa isso é Walnice Nogueira Galvão (2009, p.32-3): "Após quatro expedições bélicas, a insurreição dos conselheiristas seria liquidada em 5 de outubro de 1897. Assinala-se então uma reviravolta de opinião. Mas é bom lembrar que com Canudos o fantasma de um retorno do Antigo Regime ficou exorcizado para sempre, e nunca mais foi manipulado como o fora por essa ocasião. A conspiração monarquista internacional esfumara-se no ar e em lugar dela, acionado a pretexto dela, ficara o massacre indiscriminado de gente pobre. Os mesmos líderes que clamavam pelo extermínio

Acabando que, para me render benefício de agradecimento, ele me indicou, *muito conselhante*, que, num certo resto de tapera, de fazenda, sabia seguro de um dinheirão enterrado fundo, quantia desproposital. Eu fosse lá... – ele disse –; eu escavasse tal fortuna, que merecida, para meus companheiros e para mim... – "Aonde, rumo?" – indaguei, por comprazer. Ele piscou para o mato. Por lá, trinta e cinco léguas, num Riacho-das-Almas... Toleima. Eu ia navegar assim para acolá, passar matos, furar a caatinga por batoqueiras, por louvar loucura alheia? Minha guerra nem não me dava tempo. E, mesmo, se ele sabia assim, e verdade fosse, por que era que não ia, muito pessoalmente, cavacar o ouro para si? Derri dele, brando. Por que é que se *dá conselho* aos outros? Galinhas gostam de poeira de areia – suas asas... E o velho homem – cujo. Ele entendia de meus dissabores? Eu mesmo era de empréstimo. Demos o demo... E possuía era meu caminho, nos peitos de meu cavalo. Siruiz. Aleluia só. (*GSV*, p.489-90, grifos meus)

A importância da passagem está, por um lado, na crítica explícita ao tipo de *conselho* dado pelo velho: a promessa de mundos e fundos a serem conseguidos facilmente, como a do tesouro enterrado. Ela reproduzia as fantasias do *Eldorado* e da *Itaberaba* que marcaram a conduta do homem do país, desde a colonização, e era tema corrente nas interpretações do Brasil e na própria obra de Guimarães Rosa. Para Riobaldo, aquilo era um puro engano; assim, ele vê o velho conselheiro como um "cujo" que plantava e prometia ilusões. E, por outro, o rumo que aponta é o do mar, o de Leste, como quando o Conselheiro de Canudos prometia que "Em 1896 hade rebanhos mil correr da praia para o certão; então o certão virará praia e a praia virará certão" (escrito copiado por Euclides da Cunha dos cadernos encontrados em Canudos) (Cunha, 1985, p.223). Ficamos sabendo que o rumo era o de Leste porque o herói, ao recusar-se a acreditar naquelas promessas, comanda o seu bando para Oeste, para os lados de um sertão mais fundo do que aquele em que estavam: "fomos, tocamos, querendo *o poente* e tateando tudo" (grifo meu). A determinação é importante, pois, a seguir a ilusão da riqueza fácil prometida, "Eu ia navegar assim para acolá, passar matos, furar caatinga por batoqueiras, por louvar loucura alheia?", ele escolhe continuar a sua luta, "Minha guerra não me dava tempo". A sua atitude é oposta às de João Miramar e Serafim Ponte Grande, dos romances de Oswald de Andrade, os quais, do litoral que imitava a civilização

---

agora falam com emoção em crime. Os manifestos estudantis que antes eram cheios de ardor republicano agora protestam indignados. As forças armadas se viram cobertas de opróbio" (ver também as partes I – Ecos Literários e II – Figurações).

europeia, só tinham as vistas para ela própria e as suas fantasias metropolitanas. Riobaldo se volta para o interior, para o sertão, ele quer enfrentar os seus demônios, e não buscar uma civilização já estabelecida, mas que, para a sua construção, pouco havia contribuído.[6] Só posteriormente o herói percebeu como esse encontro e a sua decisão tinham sido importantes; ele reconheceu que ali também o seu destino estava em jogo, pois, no rumo e caminho que o velho lhe apontava, estava Nhorinhá, a prostitutazinha promíscua e bela, do amor baixo e fácil, porém desintegrador e sem muita promessa de futuro. Testemunha disso podem ser os dramas internos e externos vividos por Soropita, da novela "Lão dalalão (Dão lalalão)", do livro *Corpo de baile*. Ele foi um jagunço amansado que se casou com uma prostituta, Doralda, não porque gostasse dela apesar de seu passado, mas porque ela era a rainha entre as prostitutas ou a melhor de todas. Com isso, ele se condena à agonia de querer ter uma santa em casa, a dama da noite convertida em mulher fiel, mas que continuasse amando como uma prostituta. Ela, muito mais do que ele, consegue conviver com essa duplicidade de papéis (ver Roncari, 2007, p.15). Devido a isso, a escolha de Riobaldo foi a mais importante, pois, se tivesse ouvido o conselho do velho, teria feito o caminho para um outro engano, "como o belo do azul; vir aquém-de", segundo as suas palavras, quando compara o que poderia ter sido com o que no momento ele era então, como narrador de suas aventuras, fazendeiro assentado e bem casado com Otacília:

---

6 Para contrastarmos com essa volta para fora e a atração pelo externo, dominante na época e forte ainda hoje, particularmente no mundo universitário, vale aqui mencionarmos alguns testemunhos sobre a atenção e a ação política de Getúlio Vargas dirigidas para o interior, como o de Antônio Balbino, ministro da Educação do segundo governo Vargas: "Ele [Getúlio Vargas] me dizia: 'Você já imaginou o que será este país quando a gente puder interiorizar a educação e o trabalho?'"; Segadas Viana, fundador do PTB e ministro do Trabalho do segundo governo Vargas: "Ele gostava do Brasil realmente. O Marcondes disse muito bem uma vez: 'O Getúlio era um homem que governava de costas para o Atlântico'. Ele olhava era para o interior". O de Pedro Ludovico, fundador do PSD e governador de Goiás: "Ele achava que o Brasil devia crescer para o Oeste porque o litoral já estava mais ou menos povoado, mais ou menos industrializado. A marcha para o Oeste seria o futuro do Brasil. Ele foi o primeiro presidente da República a pisar o solo goiano". O de Nero Moura, ministro da Aeronáutica do segundo governo Vargas: "O presidente tinha vontade de empurrar o país para dentro do território, sair das praias. Em maio de [19]54 nós fomos inaugurar o aeroporto de Manaus. [...] Saímos de noite, para amanhecer em Cachimbo, que é uma serra lá no sul do Pará. [...] Lá ele viu a floresta Amazônica. Ficou encantado com aquilo, achou uma coisa espetacular. Para aquela área ninguém nunca tinha ido. Só o pessoal da FAB e índio" (in Lima, 1986, p.247-8).

Do que hoje sei, tiro passadas valias? Eh – fome de bacurau é noitezinha... Porque: o tesouro do velho era minha razão. Tivesse querido ir lá ver, nesse Riacho-das-Almas, em trinta e cinco léguas – e o caminho passava pelo São Josezinho da Serra, onde assistia Nhorinhá, lugarejo ditoso. Segunda vez com Nhorinhá, sabível sei, então minha vida virava por entre outros morros, seguindo para diverso desemboque. Sinto que sei. Eu havia de me casar feliz com Nhorinhá, como o belo do azul; vir aquém-de. Maiores vezes, ainda fico pensando. Em certo momento, se o caminho demudasse – se o que aconteceu não tivesse acontecido? Como havia de ter sido de ser? Memórias que não me dão fundamento. O passado – é ossos em redor de ninho de coruja... E, do que digo, o senhor não me mal creia: que eu estou bem casado de matrimônio – amizade de afeto por minha bondosa mulher, em mim é ouro torqueado. Mas – se eu tivesse permanecido no São Josezinho, e deixado por feliz a chefia em que eu era o Urutu-Branco, quantas coisas terríveis o vento-das-nuvens havia de desmanchar, para não sucederem? Possível o que é – possível o que foi. O sertão não chama ninguém às claras; mais, porém, se esconde e acena. Mas o sertão de repente se estremece, debaixo da gente... E – mesmo – possível o que não foi. O senhor talvez não acha? Mas, e o que eu estava dizendo, mas mesmo pensando em Nhorinhá, por causa. Dói sempre na gente, alguma vez, todo amor achável, que algum dia se desprezou... Mas, como jagunços, que se era, a gente rompeu adiante, com bons cavalos novos para retroco. Sobre os *gerais* planos de areia, cheios de nada. Sobre o pardo, nas areias que morreram, sem serras de quebra-vento. (*GSV*, p.491)

O mesmo homem que tinha apelado às forças extraordinárias e procurado o pacto com o diabo, como já vimos, antes de tudo para superar a si mesmo, as suas heranças, agora escolhera por vontade própria e evitara os dois enganos, inclusive aquele do "belo do azul", como ele erroneamente imaginava: "Eu havia de me casar feliz com Nhorinhá". E ele encontra uma justificativa muito razoável para não acreditar naquelas promessas miraculosas do velho, quando diz: "E, mesmo, se ele sabia assim, e verdade fosse, por que era que não ia, muito pessoalmente, cavacar o ouro para si?". Porém, quem o tinha alertado era o próprio velho, que lhe havia dito algo importante sobre o sertão, quando o herói lhe perguntou se ele era nascido ali ou em outro lugar e se ele achava mesmo "assim que o sertão é bom?...". O velho, do mesmo modo delirante dos profetas gnósticos, como tanto Euclides quanto Robert B. C. Graham gostavam de associá-lo, responde-lhe com palavras que Riobaldo "não decifrava", ao mesmo tempo que lhe apontava o dedo como se fosse uma faca no peito: "– 'Sertão não é malino nem caridoso, mano oh mano!: – ...ele tira ou dá, ou agrada ou amarga, ao senhor, conforme o senhor mesmo'". Apesar da aparência paradoxal das palavras do velho, que afirmam os contrários, dizendo e desdizendo ao mesmo tempo, elas tinham também sabedoria, pois poderiam dizer que não era o sertão que fazia os homens, como Riobaldo se deixara levar na destruição e matança na fazenda do Hermógenes, vistas acima, mas se conteve com relação à sua mulher, e não só por medo de praga, "certo não temi abrir razão de praga". O sertão era neutro, poderia ser tanto uma coisa como outra, o de Afonso Arinos ou o de Euclides da Cunha, mas eram os homens, cada um, inclusive o herói, que faziam o sertão ser uma coisa ou outra. Nele, a determinação era o contrário das cidades, não era a do meio sobre os homens como acontecia nelas, onde eles já estão traçados como as suas ruas, mas no sertão as coisas se invertiam, eram eles que produziam o meio, pois tudo estava em suas mãos e ainda por se fazer, "ao senhor, conforme o senhor mesmo".

Creio não ter sido por acaso que a outra figura paradigmática que Riobaldo encontrara, em tudo oposta ao velho e prenhe de positividade, tivesse sido a de um sujeito *político* por excelência, seo Ornelas/Getúlio Vargas, na fazenda Barbaranha, como vimos no capítulo anterior. A escolha do herói de recusar as promessas e os enganos para os quais apontava o velho/Antônio Conselheiro, era correta, uma vez que negava a volta ao passado e à tradição costumeira, o dado, ou pelo menos aos erros que implicavam. O que significava não apenas recusa, mas também um aprendizado ou uma decifração, ainda que um tanto intuitiva, como era do conhecimento gnóstico, como a sabedoria do velho. Como vimos desde o início, nas primeiras observações sobre ele, que não era desprovido de conhecimento, ao contrário, "como aquele homem sabia todas as coisas práticas da labuta", só que aquele saber já estava "fora dos costumes de usos". A bela imagem enigmática de Riobaldo, usada para simbolizar o passado, "O passado – é ossos em redor de ninho de coruja...", poderia significar justamente aquele saber arruinado do velho, os ossos de um cadáver que circundava a ave de Minerva. Ele era um conhecimento carcomido pelo poder corrosivo do tempo, com o qual o herói não queria pactuar. O que, de outro modo, e segundo afirmamos acima, a representação aqui de Antônio Conselheiro simbolizava o conjunto da experiência de Canudos e o seu significado na história do país; assim ela parece nos dizer que essa via de se procurar construir um novo mundo era uma experiência regressiva, portanto, a não ser imitada, ao contrário do encontro anterior, mais político e prenhe de futuro (v. também Roncari, 2004, p.306-7).

5
Batalhas
A natureza dúbia do chefe

No "Paraíso"

Agora o herói estava pronto: agraciado com o cavalo Siruiz, pelo seô Habão; pactuado na "concruz dos caminhos", nos altos das Veredas Mortas; empossado na chefia, reconhecido pelos seus, com Zé Bebelo tendo partido para um novo ostracismo; experimentado e provado na segunda tentativa de travessia do Sussuarão e na luta à faca com o Treciziano, "O bruto"; muito bem recebido e tratado pelo seo Ornelas e as mulheres da fazenda da Barbaranha; e resistido às promessas regressivas do Velho Conselheiro. Só lhe faltava cumprir a sua missão: derrotar as forças do Hermógenes e assim vingar Joca Ramiro. Antes, porém, precisava de um pequeno repouso, um *intermezzo*, no "paraíso" do Verde-Alecrim, nos braços da Maria-da-Luz e da Hortência, e uma pausa infernal na fazenda Carimã, do Zabudo, "homem somítico". Todo o percurso até as duas batalhas e entre elas, inclusive no calor do fogo de ambas, Riobaldo entremeia a narrativa dos eventos com reflexões sérias sobre si, sua nova condição de chefe, seus dois amores, Otacília e Diadorim, o sentido da vida, o tempo, o medo e a coragem, a beleza e o mal a ser eliminado: o Hermógenes e o que ele representava.

O que permeia toda a narrativa do *Grande sertão*, a alternância entre pensamento e ação, no modo de um contar do "guerreiro penseroso", aqui se coze num certo crescendo até o seu ápice: a luta de morte entre os dois demônios que o ameaçavam, ainda que de modos diferentes, Diadorim e Hermógenes. A linha de força maior dessa costura é a distância entre o *parecer*, revelado pelas decisões e ações, e *o ser* confessado no momento reflexivo, como se o primeiro fosse o ser-para-o-outro e o segundo o ser-para-si. As decisões e ações o revelam ao outro, como o chefe Urutu-Branco, mas a reflexão procura nos mostrar a sua verdadeira face, a dos avessos, para seu atual interlocutor e nós leitores, mas também, principalmente, para ele mesmo, como o ex-jagunço Riobaldo. Porém, elas são duas verdades autênticas, embora uma pareça desmentir a outra, ou, pelo menos, revelar a fragilidade e os limites de cada uma. Desse modo, tudo na narrativa é dúbio, como se o ser e o não-ser se confundissem ou pudessem ser de outra forma. Aos ouvintes da narração, interlocutor e leitor, fica a pergunta que o herói quer fazer a si mesmo: quem era Riobaldo, Tatarana, o Cerzidor, o Urutu-Branco? Agora ele estava pronto e acabado, mas como, se ele oscilava em tudo e estava num constante devir, podendo até se transformar no seu contrário?

Assim foi no Verde-Alecrim e daí a importância de se contar um episódio íntimo como esse, a sua estada num bordel muito singular, no qual o herói se desnuda literalmente e de forma pouco honrosa. Como chefe guerreiro, ele havia decidido por si, "porque eu era o chefe", distribuir os seus homens em grupos pela região, enquanto ele ficava ali no Verde-Alecrim com o Felisberto, para gozar as "delícias de mulher". Ele diz "Aí eu era jacaré", talvez por ficar rolando entre os corpos da Maria-da-Luz e da Hortência, como faz o bicho quando devora as suas vítimas. É assim que ele se vê naquele ventre de serra, "no centro de uma serra enrodilhada", em tudo aprazível, com as duas "militriz", militantes do meretrício, leais e sabedoras do amor: "Essas entendem de tudo, práticas da bela vida". Como no verdadeiro Paraíso, lá tudo também era possível e até o impossível. As duas moças não só eram formosas e belas de corpo, uma morena e a outra branca, apenas não podiam se comparar à generosa Nhorinhá, doadora promíscua do amor. Só que as moças do lugar não eram filhas de feiticeira como ela, vinham de boas famílias e eram ricas proprietárias. Elas mesmas tinham aforrado os seus tesouros em prata e estavam lá por gosto e para o gosto dos lavradores de posses, com "altas pagas". De modo que o que as levava à prostituição não era a necessidade nem uma devoção religiosa, como a das prostitutas sagradas dos templos da Antiguidade, mas o gosto mesmo simplesmente de doar e receber o amor, sem que a necessidade, a obrigação religiosa, o comércio ou qualquer outra mediação conspurcassem ou diminuíssem aquele prazer. Quem recebia a prata não precisava dela e quem a pagava, a tinha de sobra, nem para umas nem para outros havia a falta. Gozavam na abundância. Quem deveria senti-la, supunham o herói e as meretrizes, era o Felisberto, jagunço que tinha uma bala de cobre alojada na cabeça e que, devido ao azinhavre, de vez em quando, "verdejava verdeante".

O companheiro ficava fora da casa, de sentinela, ao relento, tossindo, e as duas meretrizes dizem ao herói que poderiam também servi-lo de comes e bebes. Riobaldo consente, mas, como estava nu, a Maria-da-Luz trouxe para cobri-lo "uma roupagem velha dela", certamente um vestido ou, no mínimo, uma saia, para que a amarrasse na cintura e tapasse as partes. Ele a experimenta e só aí se dá conta do ridículo, ao se ver travestido, então desata a roupa e a joga longe. Ele fica bravo e elas riem, e ele reclama: "Eu era algum saranga? Eu podia dar bofetadas – não fosse a só beleza e a denguice delas, e a estroina alegria mesma, que meio me encantava". Ele se enfeza ao se ver passar por um tolo amulherado, para a alegria delas pelo travestimento, e isso por fim o encanta, ainda que só às meias, "meio me encantava", quer dizer, com algum recato.

Compadecido com o Felisberto, o condenado que poderia morrer a qualquer hora numa dessas crises que sofria que o esverdeava, e pela argumentação da Maria-da-Luz, que lhe dizia poder ele ficar um tempo com a Hortência, Riobaldo nega; ela porém replica muito relaxada e com certa displicência *blasé*: "Tu achou a gente casual aqui, no afrutado. Tu veio e vai, fortunosamente. Tu não repartindo, tu tem?...". Como a regra da chefia jagunça era a de só se permitir a pândega mantendo alguém de sentinela, uma ordem que para ele não podia falhar, assim tinha ficado o Felisberto. Para que agora ele pudesse entrar na casa e ser servido pelas moças, teriam que inverter as posições, "eu chefe, o outro sentinela", e ele se transformar na sentinela, o que ele pensa como um absurdo e exclama: "eu, sentinela!".

O herói torna a refletir na condição condenada do companheiro, que parecia ter tão pouco tempo de vida, e se compadece, mas logo considera essa inversão da hierarquia como uma coisa diabólica: "ah, eu não tive os chifres--chavelhos nem os pés de cabra... Ali, pelos meus prazeres eu quisesse me reinar". Mas o herói continua pensando na triste condição do Felisberto e daquela bala, que nem o matava nem podia ser retirada, e diz que teve outra ideia, como se fosse uma descoberta sua, "eu sentinela!", volta a exclamar, porém era a mesma solução anterior, que o depunha igualmente da chefia e colocava o outro no seu lugar. Só mudava agora o tom, essa outra versão da mesma ideia o deixava alegre, com a sua piedade e sentimento de grandeza pelo bem que fazia ao outro. E Riobaldo vai mais longe, procura resolver em definitivo a situação do companheiro: propõe, depois que partisse, deixá-lo lá com as duas, o que o tornaria feliz e elas concordam, pois já se tinham engraçado com o companheiro: "eu logo vi que tinha justo pensado. E elas demais. – 'Deixa o moço, que nós prometemos. Tomamos bom cuidado nele, e tudo, regalado sustento. Que de nada ele há de nunca sentir falta!'"

Com essa resolução do herói se produzem alguns pequenos milagres, como nestes dois oximoros que descrevem a nova condição de Felisberto: "na sujeição desses deleites", que assim, "podia ter um remédio de fim de vida melhor?". A sujeição seria deleitosa e a morte uma boa cura a sua doença. Ele permaneceria naquele lugar paradisíaco, onde não havia impedimentos à realização dos desejos, como acontecia com Maria-da-Luz e Hortência: "que, nas horas vagas, no lambarar, as duas viviam amigadas, uma com a outra" – o verbo *lambarar* vem muito a propósito, pelo arco de sugestões que carrega. Porém, os milagres não tinham terminado. Na despedida, com uma certa inveja do companheiro, o herói fala da estima que sentia por ele, "como se ele fosse um meu irmão". Ali no Verde-Alecrim era como se as diferentes posições do homem na terra tivessem terminado e as barreiras entre eles sido eliminadas, já não havia mais chefe e sentinela, homem e mulher, parentes e estranhos, todos eram irmanados no mesmo plano com o fim da hierarquia e das distâncias, assim ele diz: "Como no Céu". Irradiados ainda pelo que havia de mais belo na Terra, pelo esplendor da "beleza de mulher". E, ao deixar aquele paraíso, ele não maldiz e só ironiza com simpatia e certo gosto o rebaixamento que havia experimentado, ele que havia chegado lá como chefe e dando ordens e dispondo de todos a seu modo, passou a subordinado, do que também tirava certa satisfação: "A pois, me ia, e elas ficavam as flores naquele povoadozinho, como se para mim ficassem na beira dum mar. Ah: eu sentinela! – o senhor sabe".

Na Carimã, do Zabudo

Em contraste com o "Paraíso", do Verde-Alecrim, lugar de mutações e da realização ampla dos desejos que chegava quase à utopia, o bando de Riobaldo, perambulando pelos Gerais de Goiás em direção aos de Minas, passou por um pequeno mundo infernal, que reunia as ameaças da *natureza* com as da *economia*. Esta, não como o uso racional dos recursos disponíveis, mas como um impulso selvagem da cultura, por visar mais a devoração do outro no processo de acumulação do que a sua preservação ou a justiça distribuitiva. Aqui, novamente, o autor irá explorar as possibilidades esclarecedoras do contraste entre duas situações opostas. Desse modo, além da chuva abundante que desabava sobre eles, a natureza os ameaçava e atacava por todos os lados: os animais ferozes, as doenças, as pragas, os acidentes da má sorte, as mortes e a relação tensa e ríspida entre o herói e Diadorim. Principalmente quando este parece meter Otacília na conversa entre os dois, e, depois, tem um encontro reservado com a mulher do Hermógenes e não reporta ao herói do que tinham falado, só tergiversou, deixando-o ainda mais ressabiado. Riobaldo, no relato desse percurso ao seu interlocutor, revela um pouco do seu método solitário de exercício da chefia, "Tomei mais certeza da minha chefia", quando diz que nem pedia conselhos aos mais experientes, embora os respeitasse, nem compartia com eles os seus projetos:

> Mas eu cria por mim nas melhores profecias. E sempre dei um trato respeitável amistoso aos homens de valia mais idosa, vigentes no sério de uma responsabilidade mais costumeira. [...] Tirante que não pedi conselhos. Mal não houvesse; mas pedir conselho – é não ter paciência com a gente mesmo; mal hajante... Nem não contei meus projetados. O Rio Urucuia sai duns matos – e não berra; desliza: o sol, nele, é que palpita no que apalpa. Minha vida toda... E refiro que fui em altos; minha chefia. (*GSV*, p.501)

A justificativa para ser assim ele dava pela sua identificação com um elemento da natureza, o rio Urucuia, como se fosse a imitação do modo de fluir do rio da sua infância que o orientasse, mais dos que as trocas com os homens, tanto para o aproveitamento de suas experiências, como para a elaboração dos próprios projetos. Essa confiança maior na espontaneidade de um rio deslizante para as suas resoluções e tomadas de decisões, ele mostrava também na sua intuição instintiva, mais do que no cálculo e na computação dos dados e na reflexão, como se aquelas fossem fatos naturais só dependentes do tempo, igual ao amadurecimento das frutas. É o que o herói afirma, no final desse episódio, ao deixarem a fazenda Carimã. Nesse momento, a chuva estanca, o barro seca e tudo parecia se abrir então para eles, como se a natureza passasse a agraciá-los novamente, como já havia feito na segunda travessia do Sussuarão: "emendo que não refleti. Razão minha era assim de ter prazos, para que meu projeto formasse em todos pormenores".

Entremeado com algumas afirmações teológicas, ele se deixa levar pela intuição, guiado pelo faro, como um cão, ele diz: "Onde é que ele estava [o Hermógenes]? Sabia não, sem nenhuma razoável notícia; mas, notícia que se vai ter amanhã, hoje mesmo ela já se serve... Sabia; sei. *Como cachorro sabe*" (grifo meu). Apesar da sua autossuperação até a assunção à posição de chefia, com inclusive a troca de nome, de Riobaldo a Urutu-Branco, o herói parecia continuar a sua sina de rio, definida já em seu primeiro nome, de mais se deixar levar pelas inclinações naturais ou casuais do terreno do que se conduzir pelo cálculo e pela razão, com as rédeas nas próprias mãos, de modo a realizar a raiz do termo, *duco, ducere*, de comandar e guiar. Ele não fazia como a cobra de que falara noutro lugar, a que, na muda, comia a pele velha; agora não, a nova combinava em si a velha e compunha um sujeito híbrido, como numa solução estoica das duas partes de seu ser: um sujeito de origem humilde que chegava ao mando e, nessa nova posição, a de seu outro, como Zé Bebelo, ele continuava também a ser a si mesmo. Desse modo, ele não seria nunca a pura encarnação da própria vontade, pois tinha aprendido muito com o sertão, como diz: "o senhor toda-a-vida não pode tirar os pés: que há de estar sempre em cima do sertão. O senhor não creia na quietação do ar. Porque sertão se sabe só por alto".

O herói, agora, no comando do grupo, reunia em si, numa composição instável, natureza e cultura, instinto natural e poder adquirido para realizar uma missão. Essa obrigação era mais a de um de seus outros, de Diadorim, que não se dilacerava com a oposição entre *dever* e *querer*, ao contrário, procurava reunir a ambos como um sujeito portador de dois corações, o do passado e o do presente, como conta ao herói narrador: "E foi ele disse – 'Por vingar a morte de Joca Ramiro, vou, e vou e faço, *consoante devo*. Só, e Deus que me passe por esta, que indo vou não com *meu coração que bate agora presente*, mas com *o coração de tempo passado... E digo...*'" (grifos meus). Pouco depois, recombina sabiamente os dois corações ao sobrepor o presente, o do seu amor pelo herói, ao do passado, invertendo a hierarquia, os comandos do *dever* e do *querer*, quando responde, confrontado por Riobaldo: " – 'Menos vou, também, punindo por meu pai Joca Ramiro, que é *meu dever*, do que por rumo de servir você, Riobaldo, *no querer* e cumprir...*'" (grifos meus).

Nesse caminho de retorno do poente, do extremo sertão, saindo dos Gerais de Goiás para os de Minas, o herói procura recompor os fundos do bando com o pagamento em dinheiro dos proprietários: "dos fazendeiros remediados e ricos, se cobrava avença, em bom e bom dinheiro: aos cinco, dez, doze contos, todos tinham mesmo pressa de dar. Com o que enchi a caixa". Foi nesse caminho, sofrendo "os emendados chovidos três dias", que se encontraram com um fazendeiro que tinha o feio apelido de *Zabudo*, que os levou a se alojarem na fazenda Carimã: "que era de um denominado Timóteo Regimildiano da Silva; *do Zabudo*, no vulgar. Esse constituía parentesco proximado com os Silvalves, paracatuanos, cujos tiveram sesmarias, na confrontação das divisas, da suas bandas iguais". Nessas breves referências do fazendeiro, ficamos sabendo que ele era um descendente de alguma velha família de antigos colonizadores portugueses, os Silvalves, que receberam sesmarias na região do Paracatu, a mesma da família de Afonso Arinos, dos Melo Franco, também paracatuana.

Seria interessante comparar o Zabudo com o seô Habão, ambos sujeitos econômicos e voltados para a acumulação. Eles formariam a camada economicamente dominante de Minas Gerais, nos séculos XIX e XX. Porém, o último pensava nos ganhos tendo também em vista os projetos futuros, assim investia no presente, mas olhando para mais longe, como tinha sido com a doação do cavalo Siruiz a Riobaldo, que implicitamente calculava os ganhos a advir de sua antevisão, de que seria ele o chefe no lugar de Zé Bebelo. Enquanto o Zabudo só procurava tirar o que podia da situação presente e do imediato, como sujeito mesquinho na economia dos gastos e do que poderia tirar do outro no momento, de modo que o herói logo o caracteriza como "um ser esperto", e, depois, comenta consigo: "O jeito estúrdio e ladino de olhar a gente, outrolhos". Ao contrário dos demais fazendeiros, que temiam e respeitavam os bandos jagunços e se apressavam em colaborar com eles, ele regateava na contribuição a ser doada ao de Riobaldo. Ele achava uma série de desculpas, responsabilizava o passado pelo mal rendimento de suas plantações e criações, de tal modo que, quando deixam a Carimã, o herói diz: "por pouco não pegou até dinheiro meu emprestado".

A ação de seô Habão compartia possibilidades negativas, como a possível redução de todos a uma escravidão ou ao assalariamento num futuro, e a substituição da velha camada de proprietários, de homens acomodados como o padrinho Selorico Mendes, por uma nova de homens mesquinhos como ele. Isso ele reunia com outras positivas, como a prosperidade que poderiam trazer os seus investimentos modernizantes. Porém, a do Zabudo, a começar pelo apelido, que poderia passar por um dos nomes do diabo, como Capiroto, Balzabu e tantos outros, em tudo é referida como a de um sujeito só negativo, e topar com ele foi como se fosse com algo demoníaco, como "homem somítico, muito enjoativo e senseato", e o herói conclui assim: "O diabo dele. O senhor me diga: o senhor desconfiou de alguma arte, concebeu alguma coisa?". O encontro com ele, "Esperança dele era ver a gente pelas costas", a má acolhida e os jogos entediantes na Carimã não lhes trouxeram nenhum ganho e, muito menos, deleite. A única coisa que ficava daquela estada, em contraste com a do Verde-Alecrim, era a inquietação levantada pelo encontro de Diadorim com a mulher do Hermógenes, a pedido desta, que parece se esclarecer só com a morte do Reinaldo-Diadorim, e a "melhor marmelada goiana" com que, significativamente, o Zabudo os presenteou.

Nos Campos do Tamanduá-tão

Na fronteira, no trânsito dos gerais de Goiás para os de Minas, Riobaldo sonda a si mesmo e procura se confirmar de que não estava pactado: "não sentia açoite de malefício herege nenhum, nem tinha asco de ver cruz ou ouvir reza de religião". O que significava que ia para o combate sem dever a quem não queria, mas também sem a proteção do *cujo*; entretanto, demonstrava confiança e intuía que já estava indo ao recontro com os hermógenes. Ele sabia que o confronto estava próximo e seria o seu teste definitivo, para "livrar o mundo do Hermógenes", "mal sem razão", embora não tivesse propriamente raiva dele, só queria abatê-lo como um boi: "feito um boi que bate". Mas sabia também que esse combate iria criar a sua fama, "para remedir minha grandeza façanha!", "por lá, também, haviam de aprender a referir meu nome". Isso o preocupava desde que tinham deixado a Barbaranha e, depois, a Carimã, com ele no comando, quando então pensava em Zé Bebelo e perguntava aos fazendeiros se tinham ouvido falar dele em outros tempos; porém ninguém o conhecia, o único de quem tinham tido notícias "era da fama antiga de Medeiro Vaz". De modo que o herói combinava em si um impulso generoso, o de livrar o sertão do mal da violência encarnado no Hermógenes, e outro egoísta, fazer sua fama e alçar-se à altura de um Medeiro Vaz, é pelo menos o que deixa entrever na narração.

O que significaria isso? Do ponto de vista da verdade psicológica e literária do herói, esse traço lhe dá profundidade e torna a sua ação mais complexa, como a de um sujeito com grandezas e fraquezas. Ele poderia muito bem, pelo fato de ser o narrador de si, apenas se autopromover e ocultar o seu lado vaidoso e interesseiro. Mas não é o que faz ao longo de toda narrativa, como no relato de sua estada no Verde-Alecrim, onde se expõe travestido, "saranga", e destronado, rebaixado à posição de sentinela, o que o deixava se ver também nos momentos baixos. Mas a revelação de seu interesse na busca da fama e da glória de seu nome o aproximava dos guerreiros da literatura clássica, dos que buscavam a "bela morte", a que os dignificaria, e dava assim a altura do caráter épico da narrativa, adequando o conteúdo ao seu gênero.[1] Porém, uma revelação como essa

---

1 Este era o ideal guerreiro do grego, o da busca da "bela morte": "transformar a sua morte em glória imperecível, fazer da parte comum a todas as criaturas sujeitas à morte um bem que lhe fosse próprio e do qual o brilho lhe pertencerá para sempre. 'Não, eu não entendo morrer sem luta e sem glória (*akleios*) nem sem um alto feito do qual o seu relato chegue aos que virão (*essoménoisi puthésthai*)'" e "Ou bem a glória imperecível do guerreiro (*kléos* áphthion), mas a vida breve; ou bem uma longa vida entre os seus, mas a ausência de toda glória" ("La belle mort et le cadavre outragé", in Vernant, 1989, p.41

por parte de Riobaldo deixa entrever também uma trinca de vaidade na sua consideração, o que mostra o seu parentesco satírico com o nosso caprichoso Brás Cubas, que não procurava outra coisa com a invenção do emplastro: a "sede de nomeada. Digamos: – amor da glória". Só que para este ela era praticamente a única motivação, pois, a outra, humanística e filantrópica, livrar a humanidade do mal da melancolia, "um emplastro anti-hipocondríaco, destinado a aliviar a nossa melancólica humanidade", não passava de uma intenção encobridora, já que, ao contrário do herói do *Grande sertão*, não havia travado nenhuma batalha e despendido nenhum esforço para isso (Cf. Assis, 1971, vol. I, p.515). Algo semelhante podemos dizer do interesseiro Rubião, do *Quincas Borba*, que não trazia nenhuma positividade compensatória que o distinguisse de todo o resto: Palha, Sofia, Carlos Maria, Freitas etc. Ali só se salvava mesmo com certa humanidade o Quincas Borba, o cachorro, quando o narrador simula o seu ponto de vista e sente a insuficiência da língua para o descrever, "Pobre língua humana":

> Mas a verdade é que este olho que se abre de quando em quando para fixar o espaço, tão expressivamente parece traduzir alguma coisa, que brilha lá dentro, lá muito ao fundo de outra cousa que não sei como diga, para exprimir uma parte canina, que não é a cauda nem as orelhas. Pobre língua humana! (Assis, 1971, vol. I, p.662)

Do barranco goiano ao barranco mineiro, Riobaldo e seu bando vinham pelo alto, de onde tinham uma visão geral da paisagem do sertão/mundo, que o herói narrador lê como uma metáfora *do permanente* da vida, como a pirâmide; logo em seguida, ele a contrasta com as oscilações do homem, que eram também as suas, sempre "bambas" e instáveis igual as asas de um pássaro, "todo-o-tempo reformando", como as ideias no trapézio da cabeça de Brás Cubas:

> Sertão velho de idades. Porque – serra pede serra – e dessas, altas, é que o senhor vê bem: como é que o sertão vem e volta. Não adianta se dar as costas. Ele beira aqui, e vai beirar outros lugares, tão distantes. Rumor dele se escuta. Sertão sendo do sol e os pássaros: urubu, gavião – que sempre voam, às imensidões, por sobre... Travessia perigosa, mas é a da vida. Sertão que se alteia e se abaixa. Mas que as curvas dos campos estendem sempre para mais longe. Ali envelhece vento. E os brabos bichos, do fundo dele...

---

e 43, tradução minha). Riobaldo gozou do impossível, do feito guerreiro que estamos acompanhando, e da vida longa acomodada que lhe deu o tempo para relatá-los.

Com trovoo. Trovoadão nos Gerais, a rôr, a rodo... Dali de lá, eu podia voltar, não podia? Ou será que não podia, não? Bambas asas, me não sei. Bambas asas... Sei ou o senhor sabe? Lei é asada é para as estrelas. Quem sabe, tudo o que já está escrito tem constante reforma – mas que a gente não sabe em que rumo está – em bem ou mal, todo-o-tempo reformando? (*GSV*, p.510)

É então que chega a notícia de que o Hermógenes vinha com um bando enorme de homens no rumo deles, e começam os preparativos para o combate. Antes, eles foram até o esconderijo de munições e se abasteceram; depois, Riobaldo pensa individualmente em cada um de seus principais homens, e os descreve como uma galeria de guerreiros experientes; ele traça seus altos planos, recorda a sua trajetória, do jagunço Riobaldo, depois Tatarana, até o Urutu-Branco, o que agora era; e dá o grito de guerra, que todos acompanham: "É guerra, mudar guerra, até quando onça e couro... É guerra!...", e cantam as suas canções. Uma um tanto jocosa, que falava à baiana, de alguém que ia e voltava do meio para trás, e outra séria, a canção de Siruiz, que na verdade só dizia dele e de seu destino, e a cantava para si, em silêncio. Nesse momento extraordinário, de guerra, de necessidade de decisão e afirmação de si para o comando e o combate, ele se reconhece como, interiormente, no plano dos afetos, vivia a duplicidade e as oscilações entre os seus dois amores: Otacília e Diadorim. Apesar da sua definição guerreira, como Urutu-Branco, podemos ver como ele continuava também Riobaldo, um homem cindido pela vivência do amor no sertão, que não o deixava ser um sujeito inteiro, uno na sua forma de ser. Essa era uma incógnita que o levava a pedir ao outro, seu interlocutor, a compreensão, "o senhor entende?":

Sofreado de minha soberba, e o amor afirmante, eu senti o que queria, conforme declarado: que, no fim, eu casava desposado com Otacília – sol dos rios... Casava, mas que nem um rei. Queria, quis. – E Diadorim? – o senhor cuida. Ingratidão é o defeito que a gente menos reconhece em si? Diadorim – ele ia para uma banda, eu para outra, diferente; que nem, dos brejos dos *Gerais*, sai uma vereda para o nascente e outra para o poente, riachinhos que se apartam de vez, mas correndo, claramente, na sombra de seus buritizais... Outras horas, eu renovava a ideia: que essa lembrança de Otacília era muito legal e intrujã; e que de Diadorim eu gostava com amor, que era impossível. É. Mire e veja: o senhor entende? Deixe avante; conto. (*GSV*, p.513)

A primeira batalha entre os dois bandos se dá num campo aberto, no *"Tamanduá-tão* é o varjaz", "a enorme vargem", um lugar amplo onde se poderia criar mil bois ou oitocentos cavalos e éguas. Ela é narrada do ponto de vista do herói, no comando de um dos grupos, o que procurava e esperava o primeiro confronto, pois tinha prisioneira a mulher do Hermógenes e sabia que ele tentaria resgatá-la. O encontro se dá um tanto inesperadamente. O herói e seu grupo estavam no alto de uma serra e avistavam o inimigo, que chegava com muitos homens. De lá, tinham uma visão global, de todo campo de batalha, de modo que Riobaldo pôde descrevê-lo e esquematizá-lo com grande objetividade. Ele traça um desenho da sua geografia como uma cruz, com quatro braços. Eles estariam na ponta do menor, do da cabeceira, que seria o do Norte; nos braços menores, o da direita ia para o poente e tinha uma grande mata; o da esquerda, tinha outra mata, só que menor; e, no que seria o do Sul, sua base maior, ele se estendia até a encosta, "a parede da Serra do Tamanduá-tão". Na vargem havia a ruína do que teria sido o complexo de uma casa-grande, sua senzala e um antigo engenho. Era como um mundo antigo senhorial desmoronado, dele tinha sobrado só um monte de terra e pedras coberto pela vegetação. Ali agora havia apenas o que alguma pobre gente tinha abandonado, as suas roças de feijão e milho, recruzada pelo riacho de uma vereda de águas limpas e claras. É essa visão ampla e geral que permite ao herói traçar a sua estratégia de combate. Divide o seu grupo em três drongos. O sob seu comando, dividido com o Fafafa, seria o do centro, que desceria por uma vala e daria o primeiro combate, frontal, contra os homens do Hermógenes que carregavam contra eles. Enquanto os dois outros, cada um contornaria uma das matas, João Goanhá a grande e Marcelino Pampa a pequena, e voltariam para combater os inimigos pela retaguarda. É quando então o herói se prova inteiro no comando e se afirma como o Urutu-Branco, nome enfatizado por ele três vezes, sem medo e soberano na coragem. Nesse momento, ele só comparte a sua identidade com Zé Bebelo, "Sou Zé Bebelo?!". Ele o era e não era, mas se assume inteiramente como um chefe com coragem, o que lhe dá a confiança para enfrentar o seu inteiro contrário, o Hermógenes:

> Eu tinha de comandar. Eu estava sozinho! Eu mesmo, mim, não guerreei. Sou Zé Bebelo?! Permaneci. Eu podia tudo ver, com friezas, escorrido de todo medo. Nem ira eu tinha. A minha raiva já estava abalada. E mesmo, ver, tão em embaralhado, de que é que me servia? Conservei em punho meu revólver, mas cruzei os braços. Fechei os olhos. Só com o constante poder de minhas pernas, eu ensinava a quietidão a Siruiz meu cavalo. E tudo perpassante perpassou. O que eu tinha,

que era a minha parte, era isso: eu comandar. Talmente eu podia lá ir, com todos me misturar, enviar por? Não! Só comandei. Comandei o mundo, que desmanchando todo estavam. Que comandar é só assim: ficar quieto e ter mais coragem.

Mais coragem que todos. Alguém foi que me ensinou aquilo, nessa minha hora? Me vissem! Caso que, coragem, um sempre tem poder de mais sorver e arcar um excesso – igual ao jeito do ar: que dele se pode puxar sempre mais, para dentro do peito, por cheio que cheio, emendando respiração... À fé, que fiz. Se não vivei Deus, ah, também com o demo não me peguei – refiro –; mas um nome só eu falava, fortemente falado baixo, e que pensado com mais força ainda. E que era: – Urutu-Branco!... Urutu-Branco!... Urutu-Branco!... Cujo era eu mesmo. Eu sabia, eu queria. (*GSV*, p.521)

O combate entre eles é feroz, o que permite a Riobaldo dizer: "o que guerreia é o bicho, não é o homem". A guerra reduzia o sujeito à sua pior parte, mais ainda entre aqueles tipos particulares, os jagunços, que nem conseguiam saber se tinham algum medo, porém, "em morte, nenhum deles pensava". Durante a refrega, o herói tem uma preocupação, manter Diadorim perto de si sob sua proteção, por amor; assim não o deixa tomar a frente do combate com o grupo do Fafafa e chega a segurar a rédea do seu cavalo, mas parece que não o detém: "Amontado no instante, mas eu mesmo assim tive prazo para me envergonhar de mim, e para sentir que Diadorim não era mortal. E que a presença dele não me obedecia. Eu sei: quem ama é sempre muito escravo, mas não obedece nunca de verdade...". A batalha vinha acirrada até a hora em que chegam os troços de João Goanhá e Marcelino Pampa, e atacam os inimigos pela retaguarda e eles começam a fugir. Riobaldo se regozija ao ver que tudo saía segundo o seu planejado: "que meu comando tinha dado certo, e que dali a vau tudo estava já ganho, desfecho do fim desse final". Há muitos mortos, ele procura pelo Hermógenes e fica sabendo que ele está longe, vinte léguas, com outro bando.

Quem comandava aquele grupo era o Ricardão, que se refugia numa cafúa. Ele resiste ao cerco e não obedece à intimação de Riobaldo para que saísse; o herói imagina que ele pudesse querer o mesmo que tentara negar a Zé Bebelo: "Assim estivesse pensando que ia ter julgamento?". Depois de uma saraivada de tiros que quase põe abaixo o refúgio, quando ele sai, o herói percebe que Diadorim, cheio de ódio, ia pular em cima dele e enfrentá-lo à faca, como era da sua natureza. O que ele não deixa, se adianta e, sem que o perceba, segundo diz, o abate com um tiro certeiro, como era também da sua natureza. Riobaldo se justifica ao narrar, diz como era próprio da guerra, que nela muito se passa automaticamente, à revelia da vontade do sujeito, como o comando do ataque: "um chefe é uma decisão. [...] E, quando mesmo dei tento, já tinha determinado as ordens justas carecidas". Assim também aconteceu com a sua intervenção, que, à primeira vista, era a de proteger Diadorim e evitar que se ferisse, sem ter tempo de outra intenção: "Digo que esta minha mão direita, quase por si, era que tinha atirado. Segundo sei, ela devolveu Adão à lama. Só estas minhas artes de dizer – as fantasias...". Riobaldo não só devolve o corpo de Ricardão à inorganicidade do barro, como também o deixa ultrajar, ordena que "Não enterrem este homem", sabendo que junto com os dos demais inimigos, serão comidos pelos cães e aves, e se dissolverão nas suas vísceras. Quando deixam o campo de batalha, ele avista os urubus que já chegam: "Primeiro urubu que passou – foi vindo dos lados do Sungado-do-A – esse se serenou bem, que me parecia uma amizade de aceno. Avoeje...".[2]

Entretanto, com esse desenlace, poderíamos perguntar: e se o herói tivesse deixado Diadorim enfrentar o Ricardão? A luta poderia ter tido pelo menos três finais. O primeiro, o pior, seria o de Ricardão vencer o Reinaldo, o que justificaria também a sua libertação, pois seria muita covardia sacrificá-lo depois de vitorioso no duelo; pelas crenças arcaicas do ordálio, teria sido ele o protegido dos deuses. Mas isso também glorificaria Diadorim, como morto jovem em combate, na sua plenitude, fato próprio dos heróis de vida breve a serem glorificados e eternizados pelo canto dos seus feitos. Com isso, deveria caber a ele a fama que procurava Riobaldo. O segundo, seria o de os dois se matarem e, assim, antecipariam o final da segunda batalha, que reproduziria também o de "A hora e a vez de Augusto Matraga".[3] Ficaria para nós a mesma incógnita do seu significado, como o da beleza (como se refere o herói a Diadorim quando pensa nele: "Beleza – o que é? E o senhor me jure! Beleza, o formato

---

2 Sobre o assunto ver o belíssimo ensaio "La belle mort et le cadaver outragé", de Jean--Pierre Vernant (1989, p.41), o qual me deu algumas pistas críticas muito boas para este capítulo.

3 Para a realização da morte heroica e trágica é tão importante a derrota do antagonista quanto a morte do herói. Quem dá uma pista interessante disso é o antropólogo Davi Graeber (2016, p.449-50), quando comenta o combate decidido num jogo, do tudo ou nada, entre Hernan Cortés e Montezuma: "Montezuma era, acima de tudo, um guerreiro, e todos os guerreiros são jogadores; mas, diferentemente de Cortés, ele era, em todos os aspectos, um homem de honra. Como já vimos, a quintessência da honra de um guerreiro, uma grandeza que só pode vir da destruição e da degradação dos outros, é a sua disposição para se atirar em um jogo em que arrisca a mesma destruição e degradação de si – e, a despeito de Cortés, sua disposição de jogar graciosamente, e com respeito às regras. No momento certo, isso significava estar disposto a arriscar tudo".

do rosto de um: e que para outro pode ser decreto, é, para destino destinar...") derrotar o mal e, por sua vez, ser derrotada por ele. Como sair do impasse? Aqui também o heroísmo estaria na ação de Diadorim, que seria para sempre lembrado por se sacrificar pela sua vingança, efetivar a promessa feita ao pai. Mas, para o chefe Urutu-Branco, o pior resultado seria a terceira, Diadorim vencer à faca, com valentia, o Ricardão. Ele seria festejado e a maior glória da batalha iria para ele e não para o seu comando. Isso poderia projetar uma grande sombra sobre si e a sua chefia. Fosse ou não fosse razoável uma dessas alternativas, não seria descabido imaginar que a intervenção de Riobaldo e o modo automático como o fez, poderia trair razões mais profundas do que as manifestas pelas suas palavras e ações. Porém, o verdadeiro significado dessa sua intervenção só se revelará no final da última batalha, quando ele não intervém, só observa, fica semiparalisado, e Diadorim perecerá em combate, mas será ele que derrotará "o mal sem razão", o Hermógenes. Ele conhecerá então a "bela morte" e se realizará como o que sempre foi: um guerreiro valente que nunca se desviou do rumo para o qual foi destinado, morrer jovem no combate valoroso, à faca. Uma verdadeira epopeia deveria ter o seu nome e ser dele o canto do verdadeiro herói: *Diadorim*. Entre o herói ativo e o herói penseroso, o romancista preferiu dar a palavra ao homem moderno, cindido em sua personalidade e interioridade, capaz de revelar as verdades de sua vida externa e interna, e talvez tivesse trocado a "bela morte" e a vida breve, pela vida longa acomodado entre os seus.

Porém, esta tinha sido só a primeira batalha. O Hermógenes ainda estava vivo e no comando de muitos homens, portanto, outra mais terrível ainda estava por vir. Para isso, o herói alerta o interlocutor de sua narrativa, do "fim terrível, terrivelmente".

O herói dividido

Se Riobaldo, no calor do combate, deixava-se levar pela sua alma guerreira de jagunço, matar o quanto podia sem pensar na morte, nos remansos, entre uma luta e outra, vivia as suas ambiguidades e inquietações. Os seus pensamentos seguiam o movimento e o ritmo da andadura do cavalo; enquanto este tocava sempre em frente, o jagunço guerreiro captava tudo o que compunha o mundo externo: secas, chuvas, ventos, plantas, bichos, acidentes da geografia do sertão, seu céu, as constelações, "As Três-Marias, o Carretão, o Cruzeiro, o Rabo-de-Tatu, o Carreiro-de-São-Tiago", e até mesmo a alma cósmica que tudo animava. No rumo para o combate final, sua observação vinha entremeada com pensamentos que casavam o lirismo das paisagens com as verdades muitas vezes duras da vida. Contemplava e pensava, não como quem tinha que preencher o tempo na monotonia do compasso, mas quem vivia ali todos os tempos: os da natureza, da memória, e da expectativa de quem se dirigia para a luta derradeira. Apesar de "os vigieiros" que ele havia enviado na dianteira para procurar pelos hermógenes não terem visto sinal deles, ele pressente nos meandros do corpo e das vísceras que estão vindo e se avizinham: "Porque era dia de antevéspera: mire veja. [...] Só vejo segredos. Mas que o inimigo já estava se aproximando, eu pressenti: se sabe pela aperreação do corpo, como que se querendo ter mais olhos; e até no que-é do arraigado do peito, nas cavas, nas tripas". Porém, o Suzarte, que tinha sido mandado até mais longe, chegava com seu cavalo derreado, para dizer que o bando do Hermógenes vinha, grande, com uns oitenta homens: "Contornava, feito gavião, vonje, como comigo não tinha lei de combinação; e esse era o direito dele, de às avessas de guerra! A um mal, o mal".

O que havia era um jogo de astúcias entre os dois bandos. Riobaldo deduz que poderiam contornar a passagem do Cererê-Velho, onde os esperavam, e se dirigirem direto ao Paredão, onde poderiam chegar de supetão e de surpresa resgatar a mulher prisioneira, vigiada só por uns dez homens. Riobaldo divide então seus homens em dois grupos, metade-metade. Um, com João Goanhá e João Concliz, que ficaria ali no Cererê-Velho, à espera, e o outro, com ele e o Marcelino Pampa, iria direto ao Paredão, seis léguas adiante. A cada meia-légua ele deixava um homem para a comunicação e troca de mensagens entre os dois drongos. Assim, em alegria, "Alegria do jagunço é o movimento galopado", com Diadorim atrás, como se tivesse irmanado e plenamente identificado com ele, "quando virei o rosto vi meu sorriso nos lábios dele", caminham para a batalha tão esperada. Nesse entretempo, Riobaldo recebe "Novas novidades", vindas pelo Trigoso, um dos "vigieiros", que dizia não ter sabido nada do Hermógenes, mas, numa veredinha, três léguas abaixo, um vaqueiro lhe havia dito, "remedando mensagem", o seguinte: que "um homem, chamado Abrão, com uma moça bem arrumada... Que vêm vindo, beiradeando o rio, e a tralha deles trazem em dois burros cargueiros, e condução de dois camaradas...".

Bastou isso para Riobaldo viajar na fantasia, "Imaginar, eu imaginava", e acreditar que era o seô Habão que trazia até ele Otacília: "– Seô Habão? Vigia se ele não traz consigo uma donzela formosíssima, ou se traz em-apenas desilusão...". Como que pergunta Riobaldo, num tom e nos termos trovadorescos, e o Trigoso lhe responde que só sabia o que já lhe havia dito, mas o herói queria escutar que "Ela era! Otacília. Otacília", e o Trigoso lhe diz é que "da verdade das coisas menos sabia". Apesar da pouca informação, Riobaldo se vê como um herói cavalheiresco envolvido numa circunstância de romance Bretão:

> Otacília – a vinda dela, sertão a dentro, por me encontrar e me rever, por minha causa... Mas achava a guerraria de todos os jagunços deste mundo, raivando nos Campos-Gerais. Terríveis desordens em volta dela, longe saída de casa de seu pai, sem garantias nenhumas... Que proteção ia poder dar a ela esse seô Habão, com dois pobres camaradas perrengues, tudo tão malaventurado, como se estavam? (*GSV*, p.531)

Ele acredita no que queria acreditar, mais em suas projeções do que no pouco que o Trigoso lhe havia dito, e o herói se vê diante de um dilema ético, entre o dever e o amor: seguir adiante com Diadorim e os companheiros para o Paredão e o combate ou sair em socorro de Otacília, que vinha desprotegida ao seu encontro. "Incerteza de chefe, não tem poder de ser – eu soubesse bem", é disto que ele próprio se lembra e decide pela acomodação, "no eu vou e volto", e chama o Alaripe e o Quipes para o acompanharem. Entretanto, na hora da saída, chega Diadorim, e Riobaldo o confronta, viu no companheiro uma ira que, para ele, seria gerada pelo ciúme. Então o herói o provoca, pergunta se ele teme a luta, por isso queria acompanhá-los, e ocorre entre eles um embate duro, de homem para homem, mas que, por fim, Diadorim se submete:

> Porém, porém: e esbarrei, em saída. Esbarrei, para repontar Diadorim, que vinha vindo. – *A lá, que é?!* – eu disse, asp'ro. Diadorim quisesse me acompanhar, eu duvidava, de que motivos. Não me respondeu. Li nele a forma duma ira, como apertou os olhos em direitura do campo. – *Tu não vai para o Paredão, tu teme?* – eu ainda buli. Diadorim me empaliava, a certas. O ódio luzente, nele, era por conta de Otacília... Ele me ouviu e não disse, ladeando o cavalo. Mirou meio o chão; vergonha que envermelhou. Agora ele me servia dáv'diva d'amizade – e eu repelia, repelia. Mas, fora de minha razão, eu precisei com urgência de ser ruim, mais duro ainda, ingrato de dureza. Invocava minha teima, a balda de Diadorim ser assim. – *Tu volta, mano. Eu sou o chefe!* – pronunciei. E ele, falando de um bem-querer que tinha a inocência enorme, respondeu assaz:
> – "Riobaldo, você sempre foi o meu chefe sempre..." (*GSV*, p.532-3)

Nesse desvio, para irem ao encontro de Otacília, Riobaldo parece renegar Diadorim, xinga-o, mas irritado também consigo mesmo pela escolha feita e que o incomodava. Essa pausa, que suspendia o encaminhamento do herói para a batalha final, serve só para revelar as suas profundas cisões. Ele usa uma imagem para falar dele e de Diadorim, como estavam na mesma água, porém, enquanto um, o companheiro, se misturava e se dissolvia nela, como o açúcar, por assumir inteiramente os valores jagunços da violência e da busca da vingança; o outro, ele, como o sal, se misturava mas mantinha ainda a sua peculiaridade, sem se render inteiramente às circunstâncias: "como naquela hora Diadorim e eu desapartávamos um do outro – feito, numa água só, um torrãozinho de sal e um torrãozinho de açúcar... *Fui, com desejos repartidos*" (grifo meu). Assim que se afastam, ele trai o amigo para os companheiros, e revela o segredo que lhe havia prometido guardar: entrega o apelido dele que o Alaripe e o Quipes desconheciam, ao dizer maldosamente: "*Diadorim é doido*". Eles estranham, e o herói explica que *Diadorim* é o Reinaldo. O Quipes acha engraçado e repete o apelido com as suas deformações fonéticas, "*Dindurinh'... Boa apelidação*", e o diz como se fosse o nome de um pássaro. Riobaldo procura corrigir seu erro, mas acaba, no final, levantando mais dúvidas ainda sobre o amigo, quando explica: "Me franzi. – *O Reinaldo é valente como mais valente, sertanejo supro. E danado jagunço...* Falei mais alto. – *Danado...* repeti". Na primeira vez que diz "danado", procura qualificar o amigo, e o faz como se quisesse dizer "danado de bom", como uma positividade. Mas, na segunda, quando repete "– *Danado*", explora a ambiguidade da expressão, como se referisse a alguém "danado", condenado aos infernos. Poderia ter passado pela sua cabeça o amor homossexual entre eles e a condenação bíblica da sodomia? Ou a incestuosidade desse amor? O Alaripe, em reverência, como sempre agia com relação a Riobaldo, procura reativar a primeira acepção positiva do termo e suaviza o tom, dizendo: "– *Ah, danado é...*". Mas o herói não gosta e reclama interiormente: "Por que era que não dava outro jeito, d'ele comigo conversar, que não fosse com essas reverências?". Quando chega a noite, o herói pergunta ao Alaripe se ele se lembrava da sua noiva Otacília, e o amigo diz que sim e se refere a ela, ressaltando mais a sua riqueza e possíveis atributos práticos e interesseiros do que as suas qualidades pessoais: "– *Alembro... Lá é um fazendão bom...*". O que não parece agradar também ao herói, que reclama interiormente do seu puxa-saquismo: "o modo zeloso do Alaripe sempre guiar o caminho, cuidados com que separava os galhos e ramagens de árvore, para o meu cômodo de seguir".

A mesma cisão de si que vivia nas oscilações entre os seus dois amores, Diadorim e Otacília, Riobaldo também a vivia entre si mesmo e os demais jagunços, inclusive os dois companheiros que ele próprio havia escolhido. Sente assim o seu isolamento, agora com as inquietações que não eram compartilhadas pelos demais: "O que não se achava, o que eu pensava. Eu era diferente de todos? Era. Susto disso – como me divulguei. Alaripe, o Quipes, mesmo o calado deles, sem visagens, devia de ser diverso do meu, com menos pensamentos. Era?". O momento mais agudo dessa diferenciação se dá numa conversa entre os três, quando Riobaldo acorda, sentindo o que pensava ser cólicas, e depois de tomar um gole da cachaça que o Alaripe tinha levado, o herói lhe faz uma pergunta sobre o que talvez mais o inquietava, sobre o sentido de todas as lutas e atribulações que viviam. O companheiro tergiversa e toca nas coisas práticas da guerra, os lugares e o inimigo. Mas o herói o traz de volta ao assunto e lhe diz que, para ser verdadeiro jagunço, não se podia de fato pensar no que o interessava: *a razão da vida*. O Alaripe lhe responde que já havia esgotado a sua paciência de querer se entender "em coisa nenhuma", mas se a questão fosse só a de se entender, ele entendia, *"Entendo as coisas e as pessoas"*. Aí então Riobaldo se imagina numa roda com eles e fazendo o que realizava como narrador ao seu interlocutor: contar toda a sua vida e pedir a eles o julgamento de si, como se dependesse do outro o seu perdão e para o seu sossego:

> – *O que é que tu acha do que acha, Alaripe?* Ele não me conheceu: principiou a definir do Paredão, do Cererê-Velho, do Hermógenes. Atalhei: – que não isso; que da vida, vagada em si, no resumo? – *A pois, isto... Homem, sei? Como que já vivi tanto, grossamente, que degastei a capacidade de querer me entender em coisa nenhuma...* Ele disse, disse bem. Mas eu entiquei: – *Não podendo entender a razão da vida, é só assim que se pode ser vero bom jagunço...* Alaripe esbarrou, como ia quebrar em duas uma palma seca de buritirana. Me olhou, me falou: – *Se só de entender, cá comigo, eu entendo. Entendo as coisas e as pessoas...* Respondeu, disse bem. De mim, então, entendia? Desjuízo, que me veio. Eu ia formar, em roda, ali mesmo, com o Alaripe e o Quipes, relatar a eles dois todo tintim de minha vida, cada desarte de pensamento e sentimento meu, cada caso mais ignorável: ventos e tardes. Eu narrava tudo, eles tinham de prestar atenção em me ouvir. Daí, ah, de rifle na mão, eu mandava, eu impunha: eles tinham de baixar meu julgamento... Fosse bom, fosse ruim, meu julgamento era. Assim. Desde depois, eu me estava: rogava para a minha vida um remir – da outra banda de um outro sossego... (*GSV*, p.536-7)

Mas, logo depois de pedir esse socorro aos amigos, ele cai em si e se reposiciona: "Ali eu era o chefe, estava para reger e sentenciar: eu era quem passava julgamentos!". E resolve deixar os dois irem atrás de Otacília e ele retorna ao Paredão, para a guerra e Diadorim. O que significava na verdade uma nova acomodação no seu zigue-zague de dividir-se entre seus dois amores, retornando agora para a sua alegria e a do companheiro, "Ainda via a alegria no rosto dele":

> Retornei, enquanto eles dois iam para a outra banda. Agora eu mudava, para motivos: chega estremeci de influência, aos aos-ares de guerra. Deixei de parte a cisma, do mesmo jeito com que, ainda fazia pouquinho, eu tinha afrouxado ânimo; ah, a gente larga urgente o real desses estados. Agora minha alegria era mais minha, por outro destino. Otacília ia ter boa guarda. E então, por uma vez, eu peguei o pensamento em Diadorim, com certo susto, na liberdade. Constante o que relembrei: Diadorim, no Cererê-Velho, no meio da chuva – ele igual como sempre, como antes, no seco do inverno-de-frio. A chuva água se lambia a brilhos, tão tanto riachos abaixo, escorrendo no gibão de couro. Só esses pressentimentos, sozinho eu senti. O sertão se abalava? (*GSV*, p.538)

No paredão: a luta de morte

"Eu tinha certeza de paz, por horas. E o demo me disse? Disse; mas foi assim: tiros!" Riobaldo, no Paredão, depois de bem dormido, comido carne gorda e rapadura, se preparava nu para tomar um banho de rio, quando, surpreendido, ouviu tiros e a refrega começou. Ele e seu bando tinham tido tempo para se bem preparar e vigiar, mas foram pegos de surpresa. Começa assim o momento extremo do romance, quando os dois demônios do herói se aproximam demais e testam os seus limites, antes de se enfrentarem e se destruírem mutuamente: Diadorim e Hermógenes.

O Paredão era um arruado, "uma rua só", abandonado pelos moradores antes do combate, com um sobrado no centro de um dos lados. Alguns poucos homens de Riobaldo tinham ficado nele e os demais se entrincheirado num ponto mais alto, "que seria porta dos caminhos e apropriado para ali resistir"

> Assim apreciei a gente – às mansas e às bravas – a minha jagunçada. Agora eles estavam arrumando o mundo de outra maneira. Tudo se media munição e era fuzil e rifle se experimentando. A guerra era de todos. A juízo, eu não devia de mestrear demais, tudo prescrevendo: porque eles também tinham melindre para se desgostar ou ofender, como jagunço sabe honra de profissão. Dos modos deles, próprios, era que eu podia me saber, certificado, ver a preço se eu estava para ser e sendo exato chefe. Com modos, eu falasse: – "Olh', vigia, fulano: aí está bom;

mas lá acolá não é melhor?" – e receava que ele respondesse, me explicando por que não era, não. [...]

Também eu queria que tudo tivesse logo um razoável fim, em tanto para eu não poder largar a jagunçagem. Minha Otacília, horas dessas, graças a Deus havia de parar longe dali, resguardada protegida. O tudo conseguisse fim, eu batia para lá, topava com ela, conduzia. Aí eu aí desprezava o ofício jagunço, impostura de chefe. Sei quem é chefe? Só o gatilho de arma de fogo e os ponteiros do relógio. Sensato somente eu saísse do meio do sertão, ia morar residido, em fazenda perto de cidade. O que eu pensei: ...rio Urucuia é o meu rio – sempre querendo fugir, às voltas, do sertão, quando e quando; mas ele vira e recai claro no São Francisco... (*GSV*, p.539-40)

Se o desejo do herói ia para o retorno ao lugar da infância, o rio Urucuia, o abandono da jagunçagem, a paz e a vida doméstica com Otacília; enquanto esperam a guerra é Diadorim que se faz presente, como a própria beleza. O amigo surge como uma ameaça que o leva a perder os freios e se aproximar perigosamente dele, com desejos de toque, posse e declarações sinceras de amor. É o que o herói faz e o assusta, de tal modo que o companheiro tenta restabelecer a distância entre ambos, dois jagunços bravos na hora da guerra, e trata-o por "senhor", "– *O senhor não fala sério!*". Riobaldo se espanta também, primeiro com a forma de tratamento usada pelo amigo para repor a distância ao chamá-lo de "O senhor!", depois consigo mesmo, com a sua perda de controle, que ele vê como patetice, "com meu patetear", e desconversa, adula Diadorim e lhe diz que tudo não passava de brincadeira.

Beleza – o que é? E o senhor jure! Beleza, o formato do rosto de um: e que para outro pode ser decreto, é, para destino destinar... E eu tinha de gostar tramadamente assim, de Diadorim, e calar qualquer palavra. Ele fosse uma mulher, e à-alta e desprezadora que sendo, eu me encorajava: no dizer paixão e no fazer – pegava, diminuía: ela no meio de meus braços! Mas, dois guerreiros, como é, como iam poder se gostar, mesmo em singela conversação – por detrás de tantos brios e armas? Mais em antes se matar, em luta, um o outro. E tudo impossível. Três tantos impossível, que eu descuidei, e falei: – ...*Meu bem, estivesse dia claro, e eu pudesse espiar a cor de seus olhos...* –; o disse, vagável num esquecimento, assim como estivesse pensando somente, modo se diz um verso. Diadorim se pôs pra trás, só assustado. – *O senhor não fala sério!* – ele rompeu e disse, se desprazendo. "O senhor!" – que ele disse. Riu mamente. Arrepio como recaí em mim, furioso com meu patetear. – "*Não te ofendo, Mano. Sei que tu é corajoso...*" – eu disfarcei, afetando que tinha sido brinca de zombarias, recompondo o significado. (*GSV*, p.542-3)

Riobaldo, nessa mesma noite, "Era uma noite de toda fundura", véspera de guerra, tentou elaborar os seus sentimentos pelo amigo e procurou uma forma de acomodação. Encontrou-a no terreno da amizade, porém, mais do que isso, falou numa simpatia crescente que o ligava a ele que, ao mesmo tempo, se fortalecia e o ampliava:

> Andamos. Mas, agora, eu já tinha demudado o meu sentir, que era por Diadorim uma amizade somente, rei-real, exata de forte, mesmo mais do que amizade. Essa simpatia que em mim, me aumentava. De tanto, que eu podia honestamente dizer a ele o meu bem-querer, constância da minha estimação. (*GSV*, p.543)

Riobaldo teve que enfrentar essa primeira possibilidade de queda, perda de si como guerreiro jagunço, antes que o bando do Hermógenes chegasse de surpresa e por onde não esperavam. Os inimigos ocuparam uma das pontas do arruado e começaram o ataque. A partir daí se inicia uma luta de vida e morte e o herói é testado no comando e na coragem. Toda a batalha é narrada do seu ponto de vista e a acompanhamos só pelo que se passa nas suas proximidades. O modo como o faz tem em vista colocar o interlocutor, e assim também o leitor, no calor da guerra, envolvê-lo e fazê-lo viver sensivelmente as suas agruras de lutas e mortes. A narrativa segue o ritmo dos combates, se acelera ou se retarda, dependendo da situação que vive o herói. De modo que o narrador agora, nesta segunda batalha, não tem distância nenhuma do narrado, ele está dentro do conflito e leva consigo o interlocutor/leitor; a intenção não é a de informar, mas fazê-lo viver e sofrer com ele as agonias do combate. Riobaldo confessa que só pretendia contar era o resultado da experiência de uma vida, estampada em seu próprio corpo e alma, como cicatrizes. Essa vivência só terminaria com o fim dela própria, como o produto dos movimentos da engrenagem do mundo/sertão, que produz o sujeito, o devora e, depois, cospe o que restou, e pergunta a seu interlocutor se ele acredita no que está contando.

> O senhor escute meu coração, pegue no meu pulso. O senhor avista meus cabelos brancos... Viver – não é? – é muito perigoso. Porque ainda não se sabe. Porque aprender-a-viver é que é o viver, mesmo. O sertão me produz, depois me engoliu, depois me cuspiu do quente da boca... O senhor crê minha narração? (*GSV*, p.550)

O bando de Riobaldo, ao ver que o do Hermógenes havia tomado uma das pontas do arruado, luta por ocupar a outra, até que os dois ficam em frente um do outro e o transformam num "cano de balas". A partir daí a guerra adquire uma dinâmica própria e o herói percebe que ela já escapava ao seu comando, ela "descambava, fora de meu poder". Ele se recompõe e entra no combate; Diadorim chama a sua atenção e o herói nota a sua beleza, como a da guerreira Atena, desgrenhada e os seus olhos grandes de vaca: "Diadorim se descabelou, bonitamente, o rosto dele se principiava dos olhos". Ele então se exalta, grita "Chagas de Cristo!", e entra inteiro na luta, como comandante e guerreiro, como o chefe que era e o mestre em pontaria que sempre tinha sido: "Eu comandava? Um comanda é com o hoje, não é com o ontem. Aí eu era Urutu-Branco: mas tinha de ser o cerzidor, Tatarana, o que em ponto melhor alvejava. Medo não me conheceu, vaca! Carabina". O primeiro que ele vê cair é o antigo chefe, Marcelino Pampa, "era ouro", cuja morte ele sente e a descreve em detalhes, e diz que gostaria de lhe acender uma vela aos pés, como se a chama fosse o elo de continuidade na passagem de uma vida à outra e a luz para o novo caminho: "o fogo alumiar a primeira indicação para a alma dele – que se diz que o fogo somente é que vige das duas bandas da morte: da de lá, e da de cá...". Ele então faz questão de puxar o seu corpo para fora da poça de lama onde tombara e Diadorim cobriu-lhe o rosto com o chapéu de couro que lhe havia caído. Foi o batismo de morte de Riobaldo nessa batalha. Diadorim insistiu com ele para que se posicionasse no alto do sobrado, que havia ficado com os seus. Talvez preocupado mais em resguardar o amigo, lhe diz que lá era o lugar do chefe, assim como de onde ele poderia exercer melhor a sua "pontaria mestra". Foi aí que o herói viu Diadorim vivo pela penúltima vez, e ficou-lhe dele uma bela imagem, protetora e materna, agora como de outra deusa grega, da veada selvagem de Ártemis, com quem o amigo-mano-amante é associado ao longo de todo o romance: "ele, firme me mostrando, feito veada-mãe que vem aparecer e refugir, de propósito, em chamariz de finta, para a gente não dar com o veadinho filhote onde é que está amoitado... Aquele sobrado era a torre. Assumido superior nas alturas dele, é que era para um chefe comandar – reger o todo cantão de guerra!".

O herói, no meio do percurso bulhento e arriscado pelo tiroteio para chegar até o sobrado, pôde apreciar um gatinho como se fosse o seu contrário ou alguém que realizava o que seria depois o seu desejo. Ele compunha ali uma cena de fragilidade e quietude e parecia rezar: "no fofo da terra, debaixo duma roseira, um gatinho preto e branco, dormindo seu completo sossego, fosse surdo, refestelado: ele estava até de mãos postas...". Logo a seguir ele volta a sentir a violência, como "perto de mim, veio grão d'aço – que varou cheiamente um pé de mamoeiro".

As atribulações para o herói chegar ao andar superior do sobrado eram muitas e de alto risco; mas, quando chega, vê que já estão lá o Araruta, o José

Gervásio, o menino Guirigó, o cego Borromeu, e, por eles, sabe que a mulher do Hermógenes está fechada num cômodo no fundo. Riobaldo toma posição numa das janelas e, a partir daí, padece uma forte dor de cabeça, "fincada num ai só, furante de verrumas. Aguentei. Devia de ser de sede". Desse novo posto, no alto do sobrado, como numa torre, ele podia observar o que se passava dos dois lados do arruado, e o seu relato ganhava também outra perspectiva, mais objetiva e do conjunto do combate; porém, com o incômodo da dor de cabeça, que irá acompanhá-lo até o final da batalha, ao falar de si, tudo se tolhia e ficava mais subjetivo, e o que conta também se torna mais nublado e confuso. Desdobrando-se entre esses dois pontos de vista opostos, o herói narrador se aproveita deles para capturar a atenção do interlocutor/leitor, através da alta expressividade dos termos utilizados, principalmente nas sequências e enumerações que faz, assim como no seu ritmo envolvente. Ele introduz aí a sua reflexão sobre o tempo, a duração e a natureza do transitório sem sentido, e recupera na memória um belo diálogo que gostaria de ter tido com Diadorim e onde chega até a imaginar as suas respostas. Nesse encontro ilusório, Riobaldo lhe diria que só a coragem, o amor e a reza poderiam nos salvar da loucura. No final, ele faria ao amigo uma confissão que nos transporta ao idílio doméstico dos seus desejos, que punham fim a todos os obstáculos e conflitos, possivelmente inspirado na quietude do gatinho que havia visto no meio do tiroteio, "de mãos postas", como em oração, e conclui com o espírito encarnado no belo pássaro simbólico do idílio doméstico do romance, o manuelzinho-da-croa.

E há um vero jeito de tudo se contar – uma vivença dessas? Os tiros, gritos, eco, baque boléu, urros nos tiros e coisas rebentáveis. Dava até silêncio. Pois porque variava, naquele compasso: que bater, papocar, lascar, estralar e trovejar – truxe – cerrando fogo; e daí marasmar, o calado de repente, ou vindo aos tantos se esmorecendo, de devagar. Tempo que me mediu. Tempo? Se as pessoas esbar rassem, para pensar – tem uma coisa! –: eu vejo é o puro tempo vindo de baixo, quicto mole, como a enchente duma água... Tempo é a vida da morte: imperfeição. Bobices minhas – o senhor em mim não medite. Mas, sobre uns assuntos assim, reponho, era que eu almejava ter perguntado a Diadorim, na véspera, de noite, conforme quando com ele passei. Naquela hora, eu cismasse de perguntar a Diadorim:

– "Tu não acha que todo o mundo é doido? Que um só deixa de doido ser é em horas de sentir a completa coragem ou o amor? Ou em horas em que consegue rezar?"

Não indaguei. Mas eu sabia que Diadorim havia de me dar resposta:

– "Joca Ramiro não era doido nenhum, Riobaldo; e, ele, mataram..."

Então, eu podia, revia:

– "... Mas, porém, quando isto tudo findar, Diá, Di, então, quando eu casar, tu deve de vir viver em companhia com a gente, numa fazenda, em boa beira do Urucuia... O Urucuia, perto da barra, também tem belas croas de areia, e ilhas que forma, com verdes árvores debruçadas. E a lá se dão os pássaros: de todos os mesmos prazentes pássaros do Rio das Velhas, da saudade – jaburu e galinhol e garça-branca, a garça-rosada que repassa em extensos no ar, feito vestido de mulher... E o manuelzinho-da-croa, que pisa e se desempenha tão catita – manuelzinho não é mesmo de todos o passarinho lindo de mais amor?..."

Podia ser? Impossivelmente. (*GSV*, p.552-3)

Do alto de onde estava, Riobaldo tinha uma visão geral do movimento do combate. Ele nota que o pessoal do Hermógenes rodeava o seu grupo por trás e o atacava pela retaguarda. Nesse momento, ele teme que poderiam perder a batalha. Mas os seus resistem, "aguentavam o relance", e ele pensou em descer e ir lutar com eles, para onde já tinha mandado o Araruta e o Gervásio. Esse apuro durou um tempo, "meia hora", quando ele percebeu um alvoroço, e era a outra metade do seu bando que havia ficado no Cererê-Velho, com o João Goanhá, e que, por sua vez, cercava os homens do Hermógenes. Agora, os dois grupos ao mesmo tempo que um cercava o outro, era cercado um pelo outro, numa guerra labiríntica e total, e ele diz "A guerra, agora, tinha ficado enorme":

O senhor supute: lado a lado, somando, derramavam de ser os trezentos e tantos – reinando ao estral de ser jagunços... Teria restado mais algum trabuco simples, nos Gerais? Não tinha. E ali era para se confirmar coragem contra coragem, à rasga de se destruir a toda munição. Dessa guisa enrolada: como que lavrar uma guerra de dentro e outra de fora, cada um cercado e cercando. (*GSV*, p.556)

Ao adquirir uma visão nítida das forças em combate, Riobaldo vislumbra nesse momento a possibilidade de vitória e se vê sem medo, assume uma postura afirmativa, como uma "ilha em águas claras". Logo depois, ele delira e, internamente, percebe a sua confusão, na qual uma coisa se transformava em outra, e ele volta do inferno ao real: primeiro ouve uma risada demoníaca e queria denunciá-la como sendo do "Satanão", mas que acabava se transformando na sua terra de vida e luta, assim gagueja "S... – Sertão... Sertão...". Quando olha para trás, já era a sua realidade, o cego Borromeu, ele próprio o certifica disso, e ele pergunta se um era o outro, se era o cego, "feio, feito negro que embala clavinote", o "Sertão", cuja imagem se reproduz em sua fala e expressão:

Recompor aquilo, no final? Só com a vitória. Duvidei não. Nasci para ser. Esbarrando aquele momento, era eu, sobre vez, por todos, eu enorme, que era, o que mais alto se realçava. E conheci: ofício de destino meu, real, era o de não ter medo. Ter medo nenhum. Não tive! Não tivesse, e tudo se desmanchava delicado para distante de mim, pelo meu vencer: ilha em águas claras... Conheci. Enchi minha história. Até que, nisso alguém se riu de mim, como que escutei. O que era um riso escondido, tão exato em mim, como o meu mesmo, atabafado. Donde desconfiei. Não pensei no que não queria pensar; e certifiquei que isso era ideia falsa próxima; e, então, eu ia denunciar nome, dar a cita: ... *Satanão!*... *Sujo!*... e dele disse somentes – *S...* – *Sertão... Sertão...*

Na meia detença, ouvi um limpado de garganta. Virei para trás. Só era o cego Borromeu, que moveu os braços e as mãos; feio, feito negro que embala clavinote. Sem nem sei por que, mal que perguntei:

– "Você é o Sertão?!"

– "Ossenhor perfeitamente, ossenhor perfeitamem... Que sou é o cego Borromeu... Ossenhor meussenhor..." – ele retorquiu.

– "Vôxe, uai! Não entendo..." – tartamelei. (*GSV*, p.556)

A partir daí a batalha pega fogo, fecha o tempo, são tiros por todos os lados, e o que parecia delírio do herói no meio da luta, vai se transformando em surtos de um possuído ou tomado por um ataque epiléptico: "não pronunciei insultos e gritos, mesmo porque minha boca, a modo que naquele preciso tremor, me mal obedecia. Sapateei, em vez, bati pé de pilão nas tábuas do assoalho surdo". Ele se sente pressionado por dentro e por fora; internamente, pela dor de cabeça, e, externamente, pelo calor da guerra: "E que o furor da guerra, lá fora, lá em baixo, tomava certa conta de mim, que a quase eu deixava de dar fé da dor de cabeça, que forte me doía". Quando ele pensa em repreender o velho Borromeu, este principia a cantar um louvado. O herói nota que os combates tinham se arrefecido e percebe que a refrega estava se armando para uma luta à faca. De um lado, ele vê na frente do bando inimigo a figura do Hermógenes: "Chapéu na cabeça era um bandejão redondo... Homem que se desata". E, de outro, na dianteira dos seus, enxerga Diadorim, "movimentos dele", era a última vez que o via vivo. A sua reação foi a de querer gritar, mas não pôde fazer nada: "Querer mil gritar, e não pude, desmim de mim mesmo, me tonteava numas ânsias. E tinha o inferno daquela rua, para encurralar comprido... Tiraram minha voz". Nessa hora do fecha, ele começou a perder mais ainda o controle de si, e não pôde reagir como havia feito no final da batalha do Tamanduá-tão e matado a tiro o Ricardão: "Atirar não pude? A breca torceu e lesou meus braços, estorvados. Pela espinha abaixo, eu suei em fio vertiginoso. Quem era que me desbraçava e me peava, supilando minhas forças? – 'Tua honra... Minha honra de homem valente!...' – eu me, em mim, gemi: alma que perdeu o corpo". Riobaldo sentiu-se como uma alma ou vontade desgarrada do corpo que não a obedecia mais, até que teve uma espécie de ataque; só depois de tudo acabado, disseram-lhe que não devia ter sido um ataque epiléptico, pois "eu tinha estado sem acordo, dado ataque, mas que não tivesse espumado nem babado". Embora mais adiante diga que a sua boca tinha se enchido de cuspes e babou. Teria sido só o medo, de bater os dentes, "o medo claro nos meus dentes", quem sabe, se é ele que conta tudo e confuso, confusamente? Mas é ele também que narra a luta entre Diadorim e Hermógenes sem conseguir fazer nada, "eu estando vendo", uma luta medonha que o paralisava e o mergulha num fundo sem cor: "Eu vi minhas agarras não valerem! Até que trespassei de horror, precipício branco". Essa luta, entre os seus dois demônios, foi como uma dança de morte, carregada de movimentos bruscos, quebrados e violentos; ele pôde acompanhá-la em todos os detalhes para nos contar, mas a luta que travou consigo mesmo só soube pelos outros, quando retornou daquele fundo branco onde caíra, "Subi os abismos", e que depois lhe relataram. Foi o que seu interlocutor anotou, para compor a narrativa com o que vinha do chão, "de escuros buracos", tirante o que vinha do céu, os seus sucessos.

Aí, eles se vinham, cometer. Os trezentos passos. Como eu estava depravado a vivo, quedando. Eles todos, na fúria, tão animosamente. Menos eu! Arrepele que não prestava para tramandar uma ordem, gritar um conselho. Nem cochichar comigo pude. Boca se encheu de cuspes. Babei... Mas eles vinham, se avinham, num pé de vento, no desadoro, bramavam, se investiram... Ao que – fechou o fim e se fizeram. E eu arrevessei, na ânsia por um livramento... Quando quis rezar – e só um pensamento, como raio e raio, que em mim. Que o senhor sabe? Qual: ... *o Diabo na rua no meio do redemunho...* O senhor soubesse... Diadorim – eu queria ver – segurar com os olhos... Escutei o medo claro nos meus dentes... O Hermógenes: desumano dronho – nos cabelões da barba... Diadorim foi nele... Negaceou, com uma quebra de corpo, gambeteou... E eles sanharam e baralharam, terçaram. De supetão... e só...

E eu estando vendo! Trecheio, aquilo rodou, encarniçados, roldão de tal, dobravam para fora e para dentro, com braços e pernas rodejando, como quem corre, nas entortações. ... *O diabo na rua, no meio do redemunho...* Sangue. Cortavam toucinho debaixo de couro humano, esfaqueavam carnes. Vi camisa de baetilha, e vi as costas de homem remando, no caminho para o chão, como corpo de porco sapecado e rapado... Sofri rezar, e não podia, num cambaleio. Ao ferreio, as facas, vermelhas, no embrulhável. A faca a faca, eles se cortaram até os suspensórios. ... *O diabo na rua, no meio do redemunho...* Assim, ah – mirei e vi – o claro claramente: aí Diadorim cravar e sangrar o Hermógenes... Ah, cravou – no vão – e ressurtiu o alto esguicho de sangue: porfiou para bem matar! Soluço que não pude, mar que eu queria um socorro de rezar uma palavra que fosse, bradada ou em muda; e secou: e só orvalhou em mim, por prestígios do arrebatado no momento, foi poder imaginar a minha Nossa Senhora assentada no meio da igreja... Gole de consolo... Como lá em baixo era fel de morte, sem perdão nenhum. Que engoli vivo. Gemidos de todo ódio. Os urros... Como, de repente, não vi mais Diadorim! No céu, um pano de nuvens... Diadorim! Naquilo, eu então pude, no corte da dor: me mexi, mordi minha mão, de redoer, com ira de tudo... Subi os abismos... De mais longe, agora davam uns tiros, esses tiros vinham de profundas profundezas. Trespassei.

Eu estou depois das tempestades.

O senhor nonada conhece de mim; sabe o muito o pouco? O Urucuia é ázigo... Vida vencida de um, caminhos todos para trás, é história que instrui vida do senhor, algum? O senhor enche uma caderneta... O senhor vê aonde é o sertão? Beira dele, meio dele?... Tudo sai é mesmo de escuros buracos, tirante o que vem do Céu. Eu sei. (*GSV*, p.559-60)

*

Diadorim morre jovem, com pouco mais de vinte anos, em combate como um valente, enfrentando à faca o assassino de seu pai; ele tem a vida breve, mas a morte gloriosa, cujos feitos deveriam ser cantados e assim eternizados. Mas o herói do *Grande sertão: veredas* é o jagunço Riobaldo, que sobrevive às lides com o companheiro para conhecer a vida longa do envelhecimento e das virtudes domésticas. São dois destinos diversos numa narrativa híbrida, que transita entre a epopeia e o romance. Diadorim, apesar de seu travestimento – como veremos, pela única pista deixada, também um ato de bravura e fidelidade a um possível desejo do pai, de ter alguém que o vingasse se traído –, encarna os valores arcaicos da valentia, unidade, integridade, lealdade, os herdados do pai, de um verdadeiro chefe guerreiro, próximo daqueles da épica e cuja morte só confirma tudo o que foi. O jagunço Reinaldo havia postergado inclusive a realização do amor para não se trair e a sua missão, o que faz o herói narrador enxergá-lo sob os prismas da melancolia e da ferocidade, recalcando igualmente a ternura o quanto pôde. Porém, o relato de Riobaldo é centrado nele próprio, no que observa e vivencia em seu exterior e interior, nas suas lutas e nos seus amores. Como é ele o narrador, ao priorizar o seu ponto de vista e dar à narrativa uma perspectiva também confessional, se vê obrigado a substituir aqueles traços épicos do companheiro pelos do herói do romance moderno: os da ambiguidade, instabilidade, dubiedade, contraditoriedade. Interessado em ser sincero e verdadeiro no relato, ele revela também as suas fraquezas, como um sujeito oscilante, cindido, algumas vezes mesmo dilacerado, e só em processo de algum acabamento. Assim ele vai até o fim, quando se destina à espera da morte prosaica, na cama e assistido pela vizinhança. O que não nos deveria interessar tanto quanto a vida de Diadorim, esta sim heroica. Porém, sendo o próprio herói o narrador, o tema dominante, junto com o das lutas e dos amores, passa a ser também o da superação de si: o do nascido sem pai, sem família, sem tradição e sem fortuna, destinado a não ser ninguém, mas que trai a sua origem e escapa ao que lhe estava determinado: ser um nada na vida, como os tantos nascidos fora das famílias dominantes. E isto ainda no sertão, num meio que atuava mais para os descaminhos do sujeito do que para a sua formação. Mas ele consegue fugir ao seu destino, em parte graças ao seu padrinho, Selorico Mendes, que, com a perda da mãe, lhe deu algum amparo e, depois, lhe deixa a herança; também ao seu único dote natural, o de atirar bem, e ajudado pelos acasos e encontros fortuitos, na maior parte, fatos da sorte. Desse modo, Riobaldo fez a sua trajetória de guerreiro jagunço, até se superar milagrosamente com a ajuda demoníaca e ser capaz de suprir os seus vazios e se tornar um chefe, para comandar os combates finais aos traidores e assassinos de Joca Ramiro, os violentos Ricardão e Hermógenes.

Ao se assumir como um homem do mando, Riobaldo busca também a fama. No entanto, ele apresenta um componente importante que lhe dá o estofo de um verdadeiro herói, só que reflexivo e moderno: ao perguntar sempre pelo sentido da ação humana, vive um processo de ganho de consciência, de si e do outro, e de compaixão e piedade; o quê, ao sempre se comparar e contrastar com o outro, é capaz de se colocar no seu lugar e se olhar com os olhos do outro. Desse modo, ele se revela como um sujeito também moral, portador de valores éticos e desejos utópicos, porém muito terrenos e civilizatórios, como os de fazer do sertão uma cidade como a da Januária, um lugar civil e de convivência pacífica. É o que o faz se superar e transcender em muito o meio e as circunstâncias. Mas o seu prêmio foi a solidão, a imagem é a de uma "ilha em águas claras", o que talvez explique a sua necessidade de contar estas belas estórias de lutas e auroras, alegrias e melancolias. Isto, a um interlocutor ilustrado muito distante dele, em tudo diferente, como o compadre Quelemém, por isso talvez melhor preparado para compreender o que o inquietava e, se possível, socorrê-lo. O relato que o doutor da cidade anotava supria para si a falta da experiência do que seria o sentido da vida violenta e traiçoeira num lugar como aquele: no sertão, no meio do redemoinho, com o diabo na rua.

Epílogo
Luto e auroras[1]

A preparação dos corpos

O fim das aventuras do jagunço Riobaldo no sertão é só o final de *um tempo*, o da lida, mas não o da narrativa, ela continua. O que termina é apenas um tempo de formação, lutas e amores, o qual temos dificuldade de definir: que tempo foi esse, o que o regia, o que levava os homens a se agruparem em torno de um chefe e lutarem por e com ele até à morte? Será só um tampo de guerras, a paz virá depois. Para o leitor, tudo se passa como num encanto, e foi para viver essa impressão que a narrativa do herói nos conduz. Ele usa uma linguagem de grande força expressiva e, em alguns momentos, na tonalidade da confissão, pois muito do que diz também envolve fundo a esfera de suas inquietações pessoais. O herói narrador simula uma relação de confiança com o seu interlocutor – na posição de quem o leitor também é colocado –, e lhe diz coisas reservadas; é pelo menos o que afirma a Zé Bebelo, quando este lhe diz que pensa em publicar em jornais as suas vidas: "A gente descreve as passagens de nossas guerras, fama devida". É quando o herói lhe

---

1 Uma versão inicial deste epílogo foi apresentada no 54 International Congress of Americanists (ICA), realizado em Viena, em 16 de julho de 2012. Foi também a primeira parte que escrevi deste livro.

replica: "'– Da minha, não senhor! Assim,' – eu fechei. Distrair gente com o meu nome...". Se aceitarmos o que ele diz, o narrado não era para a distração de nenhum leitor e sim restrito a quem Riobaldo concedia a deferência. Dele tomamos conhecimento de certa forma como intrusos, enviezadamente, já que o relato não foi feito para nós, e sim a um interlocutor particular. Ao contar, Riobaldo embaralha momentos de formação com outros épicos e, ao longo deles, vivemos esse encantamento, sem que nos questionemos também sobre as regras do tempo bravo de um herói à procura de seu destino, no amor e na guerra. Isto fica ainda mais patente na sua continuidade, depois do final lutuoso e os contrastes com ele. De um tempo de violências e dilaceramentos, passamos a um outro *qualitativamente* distinto, agora sereno e pacificador, apesar da melancolia do luto profundo. Ele vem prenhe de formalidades da vida civil, com rituais de passagens, fúnebres e cartoriais, e ações integrativas e pacificadoras, como recepções, hospitalidades, reencontros. Assim que morrem os demônios do herói, os externos e os internos, os guerreiros e o amoroso, Ricardão, Hermógenes, Marcelino Pampa e Diadorim, parece que uma névoa se dissipa na narrativa e tudo fica mais luminoso, apesar do luto das mortes e a nuvem de melancolia que envolve o herói. Porém, agora as mediações culturais passam a reger a vida de Riobaldo com os homens, em substituição às rústicas e agressivas do sertão.

Essa passagem brusca da narrativa tem dois cortes. Um primeiro, é o que se dá através de uma frase contundente, depois que Riobaldo acorda do ataque sofrido no final da batalha. A ele lhe parece que vinha do fundo de um esquecimento, "Trespassei", diz e, depois, "Subi dos abismos..."; ele ouve ainda uns tiros longínquos, como saídos de "profundas profundezas", e ele se confirma ao despertar, na frase isolada: "Eu estou depois das tempestades".

Ele sente-se como se tivesse chegado a um novo tempo, "depois das tempestades", o qual, se não era bem o da bonança, que o sucederia, pelo menos ia para além das atribulações que o conturbavam. Todavia, ainda o esperavam de imediato as fortes revelações da descoberta do corpo de mulher de Diadorim, o que o leva à uma declaração de amor à morta: "Meu amor!...". Depois que a Mulher do Hermógenes cobre "as partes" do corpo morto de Diadorim, ele lhe beija os olhos, as faces, a boca, e chama a atenção para os seus cabelos, repetindo na frase curta por três vezes a palavra, *cabelo*, para ressaltar com o seu comprimento também a sua abundância. Isso nos faz pensar que, além de querer realçar a sua feminilidade, quer chamar a atenção para a sua força viril de guerreiro: "Adivinhava os cabelos. Cabelos que cortou com tesoura de prata... Cabelos que, no só ser, haviam de dar para baixo da cintura...".[2] O segundo corte da narrativa tem também como referência uma mudança do *tempo* e ele vem quase na forma de versos, quando o herói narrador enuncia como *passados* os três *presentes* de Santo Agostinho:

Aqui a estória se acabou.
Aqui a estória acabada.
Aqui a estória acaba.[3]

Se para Agostinho a vida é sempre presente, "o presente dos fatos passados [na memória], o presente dos fatos presentes [na visão] e o presente dos fatos futuros [na espera]", para a narrativa, ao contrário, tudo é passado. O

---

2 São muito interessantes e apropriadas todas estas observações de Jean-Pierre Vernant (1989, p.66, tradução minha) sobre o significado da cabeleira para o guerreiro grego: "É a ela sem dúvida que se refere a regra instituída, dizem, por Licurgo, ao uso dos guerreiros lacedemônios de deixar as suas cabeleiras longas flutuarem, sem cortá-las, e de cuidar delas especialmente nas vésperas do combate. A cabeleira é sobre a cabeça do homem como a flor da sua vitalidade, a culminância da sua idade. Ela exprime o estado da vida daquele que ela coroa as têmporas, e ela é ao mesmo tempo uma parte de seu corpo que, pelo seu crescimento autônomo, sua vida independente – quando a cortam, ela renasce, ela se conserva sem se corromper –, é capaz de representá-lo: oferece-se sua cabeleira, faz-se dela dom como se fosse de si mesmo. Se o velho se define por sua cabeça e barba brancas, a *hébe* se anuncia também pela primeira floração do pelo da barba, pela maturidade da cabeleira. Conhece-se a relação de *kouros* com *keiro*: 'cortar os cabelos'; de modo mais geral, as grandes fases da vida humana, as mudanças de estado, são sublinhadas pelo corte e a oferenda de uma mecha de cabelos, quando não pela própria cabeleira, como no caso da jovem em Esparta quando do casamento. Na *Ilíada*, os companheiros de Patroclo, e Aquiles ele mesmo, cortam suas cabeleiras sobre o cadáver do amigo defunto antes de enviá-lo à fogueira. Eles o vestem o corpo inteiro com os seus cabelos, como se o revestissem para sua última viagem com as suas jovens e viris vitalidades. 'O cadáver está vestido inteiramente com os cabelos que eles cortaram das suas frontes e vieram lançar sobre ele'".

3 Diz santo Agostinho nas *Confissões*: "Agora está claro e evidente para mim que o futuro e o passado não existem, e que não é exato falar de três tempos – passado, presente e futuro. Seria talvez mais justo dizer que os tempos são três, isto é, *o presente dos fatos passados, o presente dos fatos presentes, o presente dos fatos futuros*. E estes três tempos estão na mente e não os vejo em outro lugar. O presente do passado é a memória. O presente do presente é a visão. O presente do futuro é a espera. Se me é permitido falar assim, direi que vejo e admito três tempos, e três tempos existem. Diga-se mesmo que há três tempos: passado, presente e futuro, conforme a expressão abusiva em uso. Admito que se diga assim. Não me importa, não me oponho nem critico tal uso, contanto que se entenda: o futuro não existe agora, nem o passado. Raramente se fala com exatidão. O mais das vezes falamos impropriamente, mas entende-se o que queremos dizer" (Agostinho, 2014, p.344-5, grifo meu).

passado absoluto da estória que "acabou", o presente passivo do passado que a tornou "acabada", e o presente que conta o seu final, "acaba", como coisa já passada. E o "Aqui" anafórico que remete cada verso ao seu "agora", aqui agora, como presente contínuo, é apenas o complemento de algo que passou, passado, do que passa.

O novo tempo já começa com a entrada da Mulher do Hermógenes para preparar o corpo de Diadorim. Riobaldo estava ainda meio grogue da paralisia sofrida quando observava, do alto, o duelo entre Hermógenes e o amigo. Como vimos, não tinha sido um ataque epiléptico, "não tivesse espumado nem babado", o que reforçaria a hipótese do medo paralisante ou de uma possessão demoníaca. Porém, o fim da luta, para ele, foi como um despertar, foi assim que o sentiu. A guerra havia acabado, Hermógenes morto, Diadorim morto. Trazem a mulher do Hermógenes para que ela visse o corpo do marido esfaqueado e sofresse com a sua morte, mas ela só diz que "tinha ódio dele". Foi a sua primeira revelação, a que talvez já tivesse adiantado a Diadorim, na conversa reservada tida anteriormente com ele na fazenda Carimã, do Zabudo (ver Capítulo 5). Riobaldo, que continuava não de todo recomposto e antes ainda da Mulher cuidar do corpo da guerreira morta, ouviu a pergunta: "– *Tomaram as roupas da mulher nua?*", certamente como referência à Diadorim. Falara a mulher do Hermógenes, que em nenhum momento será nominada. Mas só então ela pede que "trouxessem o corpo daquele rapaz moço, vistoso, o dos olhos muito verdes...". Não ficamos sabendo porque ela pede que trouxessem "o corpo do *rapaz moço, vistoso*", um enfático triplo masculino, se pela pergunta anterior já sabia que se tratava de uma mulher. Ela prepara o corpo com os procedimentos de uma cerimônia religiosa e ritualística, com todos os elementos para identificá-lo agora na sua particularidade feminina e não como um guerreiro jagunço com as suas armas, um morto na sua passagem para o além. É assim que a preparação é descrita, com todos os detalhes:

> A Mulher lavou o corpo, que revestiu com a melhor peça de roupa que ela tirou da trouxa dela mesma. No peito, entre as mãos postas, ainda depositou o cordão com o escapulário que tinha sido meu, e um rosário, de coquinhos de ouricuri e contas de lágrimas-de-nossa-senhora. Só faltou – ah! – a pedra-de-ametista, tanto trazida... O Quipes veio, com as velas, que acendemos em quadral. Essas coisas se passavam perto de mim. Como tinham ido abrir a cova, cristãmente. Pelo repugnar e revoltas, primeiro eu quis: – "Enterrem separado dos outros, num aliso de vereda, adonde ninguém ache, nunca se saiba...". Tal que disse, doidava. Recaí no marcar do sofrer. Em real me vi, que com a Mulher junto abraçado, nós dois

chorávamos extenso. E todos meus jagunços decididos choravam. Daí, fomos, e em sepultura deixamos, no cemitério do Paredão enterrada, em campo do sertão. (*GSV*, p.564)

O ato de vestir o corpo de Diadorim com as suas melhores roupas de mulher e enterrá-lo num campo santo "do sertão" e não junto aos outros, nem numa vereda desconhecida e selvagem, tem o sentido de adequar "a coisa e máscara", fazê-las voltarem ao seu lugar apropriado, de modo a coincidirem essência e aparência. O ritual comove a todos, até aos jagunços mais empedernidos, "todos meus jagunços decididos choravam". O que os fatos não provocavam, eram homens duros que nas batalhas sequer pensavam na morte, agora, os preparativos mortuários os levavam à externar a comoção, pelo choro. Para o herói narrador, então, era aqui que a estória se acabava. Antes, a descoberta de que Diadorim era mulher, havia causado a ele o impacto de uma revelação, a segunda da Mulher. O menino Guirigó e o cego Borromeu ficaram ao lado da morta, como dois anjos protetores e grotescos. A Mulher, depois de limpar o rosto de Diadorim com uma toalha molhada e lavar o seu corpo nu, disse: "– A Deus dada. Pobrezinha...". Foi só então que o herói soube – assim como o seu interlocutor e o leitor – que era o corpo de uma mulher, e a surpresa foi de todos:

> E disse. Eu conheci! Como em todo tempo antes eu não contei ao senhor – e mercê peço: – mas para o senhor divulgar comigo, a par, justo travo de tanto segredo, sabendo somente no átimo em que eu também só soube... Que Diadorim era o corpo de uma mulher, moça perfeita... Estarreci. A dor não pode mais do que a surpresa. A coice d'arma, de coronha... (*GSV*, p.563)

Essa surpresa, que podia ser maior do que a dor da morte do amigo/amante, traz o mal e o bem. O mal, porque acentua a dor da perda de um amor, agora não mais impossível, mas que poderia ter sido carregado de promessas, se tudo tivesse corrido pelo melhor. E um bem, o de poder agora reconhecer e aceitar para si o seu amor, cuja realização não negaria o seu ser constituído nas lutas do sertão, o de um jagunço bravo. Porém, o verdadeiro efeito da descoberta foi o seu poder de pôr fim ao encanto de um dos tempos da narrativa, o de um mundo de guerras e aventuras, fora do cotidiano e da história, quando tudo também estava fora do lugar:

Ela era. Tal que assim *desencantava, num encanto tão terrível*; e levantei mão para me benzer – mas com ela tapei foi um soluçar, e enxuguei as lágrimas maiores. Uivei. Diadorim! Diadorim era uma mulher. Diadorim era mulher como o sol não acende a água do rio Urucuia, como eu solucei meu desespero. (*GSV*, p.563, grifo meu)

Foi um abalo e um fecho, o fim de um encantamento, do herói e do leitor, o que os obriga a rever e reavaliar o sentido do narrado, pois muita coisa mudava agora de significado. Riobaldo, ao reconhecer o amigo como uma mulher, regride a seu fundo mais primordial e selvagem, "Uivei", e, como a urutu, abandonava a pele velha e punha um ponto final no seu ser de jagunço: "ultimei o jagunço Riobaldo". Ele toma então algumas resoluções, reparte o dinheiro e as armas que tinha e procura salvar o que deveria ser salvo: o menino, o cego, os catrumanos e a Mulher. Ele leva-os de volta aos lugares de onde os havia retirado: "esses eu carecia de repor de volta, na terra deles, nos lugares". O herói, mesmo ainda desvairado, "na doidagem", sem os poderes da chefia e a fama que havia assumido, "Desapoderei", procura um lugar que retinha em mente, as "Veredas-Mortas", o sítio da encruzilhada que procurara para o pacto. E ele se pergunta se com isso, tudo "revendo, refazendo", não estava querendo "repor Diadorim em vida?". Na verdade, ele e a comitiva de jagunços fiéis que o acompanha, se dirigem para um outro lugar, segundo um sitiante que os avisou e, depois, o compadre Quelemém confirmou, para as "Veredas-Altas".

No percurso, ele foi acometido de uma febre fortíssima, febre-tifo, "Terçã", "trelada com sezão". Riobaldo acreditava que os seus homens o tinham levado para "dentro duma casa muito pobre" e o colocado num catre. Lá, teve um delírio revelador, o de um fazendeiro maligno tomado pelo demônio, cuja posse se manifestava como uma febre que o queimava internamente e o fazia uivar, e ele pedia aos escravos que jogassem baldes de água fria sobre o seu corpo, para aliviá-lo do calorão e para que ele mesmo não pegasse fogo e virasse uma tocha, e incendiasse o cômodo em que estava. Era de certo modo um delírio especular, que refratava a sua situação ou o modo como ele interpretava a sua febre e a queimação que sofria. Isso acontecia como se tivesse havido para o fazendeiro um passado de vida, "o mais maldoso", e uma história, "escravos", que o vincavam numa tradição que o condenava. Desse modo ele se tornava o foco de incêndio do próprio mundo em que vivia, metaforizado pelo quarto no qual se fechava. Porém, a febre do herói, ao contrário da do fazendeiro maldoso, era benéfica e não punitiva, vinha mais para salvá-lo do que perdê-lo, como a coivara, ela era purgativa e regeneradora. Ela matava algo de ruim que vigorava ainda no seu profundo, "repor Diadorim em vida?", como havia perguntado mais acima, e dessa maneira ela limpava o terreno das ervas daninhas, a sua alma selvagem e transgressora, para que frutificasse ali as plantas domesticadas. Com isso, agora a febre matava no seu íntimo o que já morrera externamente. O narrador havia dito ao seu interlocutor, um pouco atrás: "Mas o sentido do tempo o senhor entende, resenha duma viagem. Cantar que o senhor fosse. De ai, de mim. Namorei uma palmeira, na quadra do entardecer...". Em outros termos, poderia ser o canto romântico da "Canção do exílio" de Gonçalves Dias, "De ai, de mim. Namorei uma palmeira", da dor de um amor vivido no seu transe, como tinha sido o dele por Diadorim/Buriti revelado mulher, mas quando tudo já estava acabado, "na quadra do entardecer".

De que a febre tinha agido como uma queima regenerativa do terreno, só nos daremos conta nos episódios que se seguiram, depois que o herói sarou e voltou a si, e percebeu que também não estava mais no asilo da casinha pobre, mas na casa-grande de uma fazenda respeitável, para onde o tinham levado. Ali, ele se viu inteiramente amparado e protegido, "fui príncipe naquela casa", sob a boa guarida de um velho fazendeiro acolhedor, seo Josafá Ornelas. São importantes as descrições tanto do lugar, novamente a fazenda Barbaranha, quanto do fazendeiro e sua mulher, dona Brazilina, porque elas procuram mostrar como nas Veredas-Altas o herói já não estava mais no sertão bravio nem entre jagunços, mas num lugar ameno, feminino e de trato civil.[4]

Os novos tempos

Os primeiros bons sentimentos do herói são os indicativos de quem havia saído de um *tempo extraordinário de aventuras* e entrado no *rotineiro dos trabalhos e os dias*, o tempo do calendário e da história. O que lhe trazia satisfação, e se

---

4 Na primeira passagem de Riobaldo pelas Veredas-Altas, já observamos como dominava ali uma política conciliadora e pacificadora. Assim como o nome de Josafá Ornelas ressoava o Dornelles do Getúlio, a fazenda Barbaranha o de Osvaldo Aranha, seu ministro liberal, e a sua mulher, Brazilina, remete à política *nacional* como Getúlio a preconizava, mais voltada aos interesses gerais da nação do que aos regionais e particularistas, como tinha sido a política dos governadores da República Velha. Sobre o assunto, já tratei em meu ensaio "Antônio Conselheiro e Getúlio Vargas no *Grande sertão: veredas*? As fontes do autor e os caprichos da representação", in Roncari, 2007, p.85, e no Capítulo 3 deste livro.

deu conta disso ao notar na parede da casa-grande "a marca dos tempos, numa folhinha de parede". Era o objeto mais comum, uma "folhinha de parede", indicativo do tempo mais corriqueiro, que lhe revelava o novo tempo de todos os homens no qual havia entrado. Porém, ele se sentia ainda sem uma parte de si, como sem alma, "um saco cheio de pedras". Para ele, o retorno ao cotidiano equivalia à morte do demoníaco, Diadorim, agora fora e dentro de si. Mas, o que mais sentia, era a falta dessa chama ambígua interna, positiva/negativa, que antes lhe dava calor, como se fosse ela a vida de sua alma, senão ela própria.

A fazenda continuava sendo um lugar de delicadezas, "rede de algodão rendada", "caldo de galinha", "lençóis alvos", e feminino: "Todos, a senhora dele, as filhas, as parentas". Elas o louvavam não por sua nomeada como jagunço bravo, pela sua luta de vingança como missão pessoal, mas pelo sentido geral de sua ação guerreira, a de livrar o sertão da jagunçagem, a qual exaltavam e da qual ele pouco se dava conta, a não ser em breves momentos. Esta seria, no fundo, pacificadora e civil, e em benefício geral: "eu tivesse vindo, corajoso, para derrubar o Hermógenes e limpar estes Gerais da jagunçagem". O interessante é que esse fato, aqui atribuído a Riobaldo, fazia parte, na verdade, dos "programas nacionais" de Getúlio, de atribuir à União, ao Estado central, tanto dar combate à seca e à malária, como ao jaguncismo das margens do São Francisco e ao cangaço dos sertões do Nordeste:[5]

> Eu estava na Barbaranha, no Pé-da-Pedra, hóspede de seo Josafá Ornelas. Tomei caldo de galinha, deitado em lençóis alvos, recostado. E já parava meio longe aquele pesar, que me quebrantava. Lembro de todos, do dia, da hora. A

---

5 Lukács (2011, p.299) observa como os escritores do período posterior a 1848, que já não tinham mais a vivência do Antigo Regime e da Revolução Francesa e só sabiam deles através da historiografia da época, passavam por essas mediações para representá-los: "Mas os escritores do período após 1848 não têm mais a vivência socialmente direta de sua continuidade com a pré-história da sociedade em que vivem e agem. Sua relação com a história [...] é muito mediada, e essa mediação é realizada sobretudo pelos historiadores e pelos filósofos da história modernos e modernizantes (veja-se, por exemplo, a influência de Mommsen sobre Shaw)". Algo semelhante se passava com relação a Guimarães Rosa e as interpretações do Brasil de seu tempo. Como o autor se formou nos anos já da República Velha e do período getulista, as ideias com que trabalhava do Império e da escravidão no Brasil, vinham em boa parte das revisões do passado brasileiro que estavam em curso em seu tempo pelas novas historiografias e interpretações do país, em particular, dos estudos de Oliveira Vianna e Gilberto Freyre, entre outros. Das mesmas mediações ele se utiliza para figurar também o tempo da sua experiência e formação. É esse fato, a presença forte das mediações que sobrepujam o empírico, que singulariza a figuração do contexto em sua literatura (ver Roncari, 2004).

primeira coisa que eu queria ver, e que me deu prazer, foi *a marca dos tempos, numa folhinha de parede.* Sosseguei de meu ser. Era feito eu me esperasse debaixo de uma árvore tão fresca. Só que uma coisa, *a alguma coisa, faltava em mim. Eu estava um saco cheio de pedras.*

Mas aquele seo Ornelas era homem de muita bondade, muita honra. Ele me tratou com categoria, fui príncipe naquela casa. Todos – a senhora dele, as filhas, as parentas – me cuidavam. Mas o que mormente me fortaleceu, foi o repetido saber que eles pelo sincero me prezavam, como talentoso homem de bem, e louvavam meus feitos: eu tivesse vindo, corajoso, para derrubar o Hermógenes e *limpar estes Gerais da jagunçagem. Fui indo melhor.* (*GSV*, p.566-7, grifos meus)

Esse trânsito doloroso e purgativo do herói mostra que a travessia do sertão não foi só um percurso no espaço, mas também num *outro* tempo. Ele realizava a passagem de um tempo extraordinário, épico-romanesco, de aventuras e combates, para um outro histórico-realista, marcado pela sucessão rotineira dos dias, lembrada pelo calendário, a "folhinha na parede". Porém era agora um tempo integrativo; o herói era reconhecido e saudado pelo caráter social e civilizatório de sua ação, "como talentoso homem de bem", que ultrapassava o sentido de sua ação de simples vingança e busca da fama e da glória guerreira. Desse modo, Riobaldo se integrava perfeitamente na ordem burguesa acomodada e desencantada.

Isto começará a se concretizar com a chegada de Otacília e a sua família. Ela não vinha só, chegava com a mãe e parentes, tronco familiar ao qual ele se integrará, pois era filho natural e perdera a mãe. E ela chegava como "minha pretendida", quer dizer, seguiria todas as etapas das relações formalizadas até às bodas oficiais. E ele foi sincero com ela, confessou o seu estado de luto pela perda de um outro amor: "O que confessei. E eu, para nojo e emenda, carecia de uns tempos". E ela o compreendeu perfeitamente, entendeu a sua situação e cedeu-lhe o que pedia. A confiança mútua permitiu que tudo se concretizasse numa outra cerimônia, cheia de promessas, "quando deu o verde nos campos":

> Ela tinha certeza de que eu ia retornar à Santa Catarina, renovar; e trajar terno sarjão, flor no peito, sendo o da festa de casamento. Eu fui, com o coração feliz, por Otacília eu estava apaixonado. Conforme me casei, não podia ter feito coisa melhor, como até hoje ela é minha muito companheira – o senhor conhece, o senhor sabe. Mas isto foi tantos meses depois, quando deu o verde nos campos. (*GSV*, p.567)

Antes de Riobaldo partir atrás do passado de Diadorim, o que revelava a clara atitude de que não deveria negar nem fugir do vivido, mas conhecê-lo desde as suas fontes, chegou às Veredas-Altas o seo Habão, o homem empreendedor e em tudo comercial, imbuído dos interesses capitalistas modernos. A sua chegada à Barbaranha foi como um momento seu de reconciliação com os interesses agrários do fazendeiro Josafá Ornelas, o homem dos cuidados estancieiros: "ele com o seu Ornelas se tivessem entre tempos pacificado". O que simboliza a tentativa da política getulista de tentar conciliar os interesses agrários predominantes até então, com os novos empresariais, financeiros e industriais. Seô Habão, além de presentear Riobaldo com outro cavalo, o que confirmava a aliança já feita lá atrás, trouxe-lhe a notícia da morte do padrinho Selorico Mendes e da herança que ele lhe deixara, as suas duas maiores fazendas. Ele diz-lhe também que o padrinho ficara "orgulhoso de meus atos" – pelo que já sabemos de Selorico Mendes, esse "orgulho" seria por razões distintas das do povo da Barbaranha, pois tinha se revelado a Riobaldo como um nostálgico da velha ordem jagunça mais tradicional. Porém, o mais importante estava na forma correta da posse das fazendas herdadas, "em limpo", sem a necessidade de demandas, já que o padrinho não havia deixado outros herdeiros, e isso ainda através da mediação de um bacharel entendido nos procedimentos legais, o advogado dr. Meigo de Lima. Todavia, antes de cuidar desses interesses materiais, Riobaldo priorizou a busca do passado do amor perdido: "Pois, primeiro, eu tinha outra andada que cumprir, conforme a ordem que meu coração mandava". Esta era uma viagem de busca de esclarecimento, em cujo percurso ele fazia questão de sinalizar o seu estado de luto: "Mas, antes de sair, pedi à dona Brazilina uma tira de pano preto, que pus de funo no meu braço". A nova estada na Barbaranha era, portanto, como se ele tivesse saído de um tempo selvagem da natureza e entrado no mundo da cultura, das cerimônias religiosas, festividades civis, dos atos oficiais, respeitos mútuos, entendimentos conciliatórios, e agora o estado de luto, o tempo necessário para assimilar internamente um morto querido que merecia ser reconhecido e não negado.

O lugar onde o herói procura notícias de Diadorim recorda justamente a selvageria, no "Os-Porcos", lembrando os estigmas do bicho que só olha para baixo e chafurda na terra ou o javali, animal-símbolo da própria selvageria. Porém, nesse lugar ele não acha nada, nem alguma testemunha que pudesse dizer-lhe algo da infância do antigo amor. Só muito longe, "bem longe reato", ele encontra o que chama de "um letreiro", o atestado de batismo, na matriz de *Itacambira*, "onde tem tantos mortos enterrados", lugar no qual ela tinha sido levada à pia e que registrava a data de seu nascimento, que ele diz só por cima, sem precisá-la: "Em um 11 de setembro da era de 1800 e tantos...". Porém, o seu nome completo constante da certidão, *Maria Deodorina da Fé Bettancourt Marins*, talvez nos ajude a precisar um pouco melhor a sua data de nascimento. O *Deodorina* poderia ter sido em homenagem ao proclamador e primeiro presidente da República, Marechal Deodoro da Fonseca, que governou o Brasil de novembro de 1889 ao mesmo mês de 1891.[6] Se radicalizarmos, poderia haver aí também uma homenagem ao Marechal Carlos Machado de *Bittencourt*, ministro da guerra de Prudente de Morais e o principal responsável pelas execuções criminosas de Canudos – talvez não tanto por esta última façanha, mas por ter sido o comandante da Quarta Expedição, a vitoriosa. Essa hipótese estaria consoante com a representação negativa que vimos de Antônio Conselheiro no romance.[7] Diadorim deve ter nascido por essa época, republicana e positivista. Como pode sugerir o lugar onde foi batizada, *Itacambira*, que, para Teodoro Sampaio (1987, p.254), significa um instrumento de trabalho, como "forcado de ferro, compasso, tenaz", o compasso é um objeto simbólico da iconografia maçom. Como, pelas referências que temos, a ação do romance se passa entre os anos 20 e 30 do século passado, na Primeira República, ela estaria na faixa dos 20 e poucos anos quando participou dos eventos junto com o herói e morreu.[8] E a narrativa de Riobaldo não deixa de produzir um epitáfio para

---

6 Um outro modo de ler a certidão de nascimento de Diadorim é o de Benedito Nunes, cuja leitura privilegia o mito em detrimento da história, como já notei: "A certidão de batismo, tirada na matriz de Itacambira, reza, como verdadeiro nome daquele que, morto no combate do Tamanduá-tão, se revelara no corpo de mulher, 'moça perfeita', *Maria Deodorina da Fé Bettancourt Marins*, Deodorina, Theodora, Deodata, Deusdata, Theodoro, Dom de Deus! Guimarães Rosa dissemina o vestígio de Deodorina, disfarçadamente, como advérbio de modo, *deusdadamente ou ao deusdar* que, por inusitado, não deixam de chamar a atenção do leitor". (Nunes, 2013, p.224). Ele vai numa linha muito próxima da de José Carlos Garbuglio: "Diadorim é corruptela de Deodorina, feminino e diminutivo de Deodoro ou Teodoro, isto é, téos + dóron, presente de Deus. Como o divino não pode ser usufruído pelo humano, compreende-se que Diadorim teria que voltar intacta, à sua fonte, depois de passar pelos homens, entremostrando a graça. Amando sem conhecer o prazer do amor" (Garbuglio, 2005, p.53).

7 Ver Capítulo 4, item "As atrações do regresso".

8 Se Diadorim, como mulher travestida, pode alegorizar de alguma forma a jovem República, a representação é bastante condizente com a instigante leitura que uma grande leitora de Rosa, Walnice Nogueira Galvão (2009, p.45-6), faz do novo regime, um território movediço de ambiguidades: "Quem padeceria como vítima do processo de modernização seria a plebe do Rio de Janeiro e aquela do sertão, expulsas ou pela polícia de Pereira Passos ou pelo exército ilustrado. Deste, Euclides era membro, até por formação, deste exército que aprendia na Escola Militar a ser o portador da Revolução Francesa enquanto vanguarda do Terceiro Estado, e que se descobre de repente o algoz do

o seu falecimento, o qual merece um certo destaque, já que resume a essência de sua vida, assim como as duas camadas temáticas tratadas nas suas duas formas genéricas: *"que nasceu para o dever de guerrear e nunca ter medo, e mais para muito amar, sem gozo de amor..."*.

Ele sintetiza a sua parte épica, "o dever de guerrear e nunca ter medo", e a romanesca, "para muito amar, sem gozo de amor". O único momento no qual o livro sugere alguma explicação ao seu travestimento, o que a levou à guerra e tolheu a sua possibilidade de amar, nos foi dada lá atrás, logo depois de Riobaldo narrar o seu primeiro encontro com Diadorim, no Rio-de-Janeiro, quando ainda meninos. Foi depois da despedida dos dois que ele contou ao seu interlocutor um caso, que, de certa forma, nos dá disso alguma explicação:

> Agora que o senhor ouviu, perguntas faço. Por que foi que eu precisei de encontrar aquele Menino? Toleima, eu sei. Dou, de. O senhor não me responda. Mais, que coragem inteirada em peça era aquela, a dele? De Deus, do demo? Por duas, por uma, isto que eu vivo pergunta de saber, nem o compadre meu Quelemém não me ensina. E o que era que o pai dele tencionava? Na ocasião, idade minha sendo aquela, não dei de mim esse indagado. Mire veja: um rapazinho, no Nazaré, foi desfeiteado, e matou um homem. Matou, correu em casa. Sabe o que o pai dele temperou? – "Filho, isso é a tua maioridade. Na velhice, já tenho defesa, de quem me vingue..." Bolas, ora. Senhor vê, o senhor sabe. Sertão é o penal, criminal. Sertão é onde homem tem de ter a dura nuca e mão quadrada. Mas, onde é bobice a qualquer resposta, é aí que a pergunta se pergunta. Por que foi que eu conheci aquele Menino? (*GSV*, p.105-6)

O caso contado está emoldurado por uma pergunta sem resposta que se repete no seu início e final: quem poderia responder por que foi que se encontrou com o menino, fato que mudou a sua vida e a repartiu em duas, como a morte de sua mãe? O que poderia ser, senão o simples acaso? A menos que acreditemos que tudo já estivesse escrito nas estrelas do céu. Mas o caso relatado no meio das perguntas tem implícito uma regra costumeira da vida do

---

Terceiro Estado. Assim, *Os sertões* vem a ser o *epos* da modernização que, examinando o seu avesso, deplora o preço dela, o que ela implica para a plebe em tal ordem de dores e perdas que acaba numa concepção de mundo às avessas, invertido e demonizado. A criança ferida que aparece nas últimas páginas, sorrindo com a face direita e com os ossos da caveira à mostra sob a face esquerda arrancada por um estilhaço de granada, pode ser emblematizada como a alegoria desse processo: ela é a criação mais monstruosa da campanha".

sertão: diante da ausência da Justiça, a busca da vingança se torna um imperativo da sobrevivência. E o "temperou" do pai do menino, na forma de conselho de autoridade, não teria sido também o que teria ensinado Joca Ramiro a Diadorim, desde a infância, o que no sertão era uma regra geral? Ela, quase que uma filha só de pai e fixada nele, pois nada sabemos de sua mãe, teria crescido como alguém que desde cedo foi preparada para vingá-lo um dia. E não foi o que determinou toda a sua vida, resumida no epitáfio?

A partir daí o luto do herói o leva a um profundo desconsolo, que lhe tirava até a vontade de viver; porém, depois, com o espírito como numa gangorra, começa a reagir e se agarra num fio de esperança, pensa em Otacília, e o seu amor por ela o faz emergir para fora da dor que o asfixiava:

> E, o pobre de mim, minha tristeza me atrasava, consumido. Eu não tinha competência de querer viver, tão acabadiço, até o cumprimento de respirar me sacava. E, Diadorim, às vezes conheci que a saudade dele não me desse repouso; nem o nele imaginar. Porque eu, em tanto viver de tempo, tinha negado em mim aquele amor, e a amizade desde agora estava amarga falseada; e o amor, e a pessoa dela, mesma, ela tinha me negado. Para quê eu ia conseguir viver? Mas o amor de minha Otacília também se aumentava, aos berços primeiro, esboço de devagar. Era. (*GSV*, p.569)

Otacília surge como sua salvação, e assim de fato aconteceu, mas, antes, chega a ele uma informação que o ajuda a salvar-se também da desesperança, "com aquilo renasci": a de que Zé Bebelo parava a algumas léguas dali, perto do São Gonçalo do Abaeté. E é para lá que ele vai e se pergunta: "E como era, que, antes e antes, eu não tivesse pensado em Zé Bebelo?". Será ele o seu segundo apoio de salvação, antes do terceiro, o compadre Quelemém. O encontro efusivo entre os dois antigos chefes jagunços, um destronado pelo outro, e o ex-professor com seu ex-aluno, porém cada um achando que foi ele que ensinou ao outro, se deu sem ressentimentos. Apesar da confusão armada entre eles, Zé Bebelo compõe agora, de vez e por inteiro, a sua figura hermenêutica, de Hermes: como um sujeito comercial, "Negociei um gado... Mudei meus termos! A ganhar o muito dinheiro – é o que vale... Pó d'ouro em pó..."; sempre de passagem de um lugar para o outro, atravessando as fronteiras e cheio de projetos, "os projetos que ele tinha", "Não queria saber de sertão, agora ia para capital, grande cidade. Mover com o comércio, estudar para advogado"; e como alguém que continuava a olhar sempre para a frente, para a riqueza e o progresso, como se fosse a própria encarnação da nova postura republicana:

"Só que Zé Bebelo não era homem de não prosseguir". E entre outras "fanfarrices", segundo achava Riobaldo, com a mesma desconfiança com que sempre se comportara em relação a Zé Bebelo, numa certa altura, o antigo chefe pensa também em transformar em mercadoria as suas peripécias no sertão e lhe diz o que já nos referimos: "Lá eu quero deduzir meus feitos em jornal, com retratos... A gente descreve as passagens de nossas guerras, fama devida...". Zé Bebelo deveria estar pensando tanto no que poderia lucrar com a publicação e venda dos relatos das suas histórias, como também na fama, prestígio e outras vantagens que poderia aferir disso. Já vimos como o herói se recusa a participar da empresa. Porém, por pelo menos três vezes ele não perdeu a oportunidade de contar a sua vida, sem dizer da preocupação que tinha também com a fama dos seus feitos, como já vimos. Uma primeira vez, a que encena o romance e que está ocorrendo, a narrativa ao seu interlocutor; uma segunda, quando ele sai junto com o Quipes e o Alaripe para ver se era Otacília que vinha até ele com seô Habão, antes da batalha no Paredão (Ver *GSV*, 1963, p.537); e a terceira, a final, ao compadre Quelemém, também o terceiro apoio que o aliviava da dor do luto:

> Compadre meu Quelemém me hospedou, deixou meu contar minha história inteira. Como vi que ele me olhava com aquela enorme paciência – calma de que minha dor passasse; e que podia esperar muito longo tempo. O que vendo, tive vergonha, assaz. (*GSV*, p.571)

Esta última vez tinha confessadamente uma finalidade terapêutica, a de purgar uma dor que ele carregava e de aquietar a preocupação de ter ou não vendido a alma ao diabo: "O senhor acha que a minha alma eu vendi, pactário?!". E o que o compadre Quelemém lhe recomenda é que faça o que Zé Bebelo fazia: "Pense para diante." Como se a vida fosse um comércio de compra e venda entre iguais e não importasse muito o que se estivesse fazendo: "Comprar ou vender, às vezes, são as ações que são as quase iguais...". Com essa resposta apaziguadora e realista, o compadre traz para um plano mais terreno a ação do herói; se vender ou comprar eram a mesma coisa, ela teria se dado também entre iguais, tanto ele poderia ter vendido como comprado. O trato feito por ele se nivelava à própria substância do humano, não era a isso que a vida do homem estava reduzida e não era nisso a que toda ela se resumia, comprar ou vender mercadorias, e quem teria a ousadia de afirmar, contrariando o Fausto, que a alma humana também não era venal? Riobaldo já não havia perguntado, lá atrás, sabendo antecipadamente a resposta, sobre o que todos faziam com a alma, como norma: "Todos não vendem?". Isto claro, fica por nossa conta, pois só está subentendida nas palavras do compadre Quelemém.

O herói praticamente conclui a sua narrativa com uma negativa: "Isto não é um relatar passagens de sua vida, em toda admiração". O que fez então, senão contar a sua vida? Mas talvez tudo tenha sido narrado para deixar uma pergunta ao leitor acomodado: quem foi Riobaldo e o que viu no tempo da história em que viveu? "Conto o que fui e vi, no levantar do dia. Auroras." Estas ficam como uma mensagem de esperança, nos chamando a atenção para os seus renascimentos mais do que para as suas mortes: "Auroras". É o que o herói narrador deixa para nós, barranqueiros como ele, ao se encaminhar para a velhice "com ordem e trabalho". Na conclusão, ele ainda nos lembra da imagem fálica do rio São Francisco, já bem notada pela crítica,[9] o da unidade nacional: "que de tão grande se comparece – parece é um pau grosso, em pé, enorme...". Nessa aurora o São Francisco fica como o símbolo fecundante da unidade e positivo, que se casa com um descarte das possibilidades interpretativas metafísicas da história, em maiúscula e minúscula, "o Diabo não existe", "O diabo não há!", e a promessa de aproximação e amizade do herói com o seu outro, o doutor homem de letras da cidade, que o ouve e anota para divulgar o que contou: "O senhor é um homem soberano, circunspecto. Amigos somos. Nonada. O diabo não há! É o que digo, se for... Existe é homem humano. Travessia".

---

9 Schwarz, 1965, p.36.

Referências

ALIGHIERI, D. *A divina comédia*. Trad. e notas de Cristiano Martins. Belo Horizonte; São Paulo: Editora Itatiaia; Edusp, 1976.

ARINOS, A. *Os jagunços*. 3. ed. Rio de Janeiro: Philobiblion; Pró-memória; INL, 1985.

ASSIS, M. *Memorial de Aires*. 2. ed. Rio de Janeiro: Civilização Brasileira; MEC, 1977.

_____.*Obra completa*. Vol. I. Rio de Janeiro: Companhia Editora José Olympio, 1971.

_____. *Obra completa*. Vol. III. Rio de Janeiro: Companhia José Aguilar Editora, 1973.

BOLLE, W. *grandesertão.br*: o romance de formação do Brasil. São Paulo: Editora 34, 2004.

BRACHTENDORF, J. *Confissões de Agostinho*. Trad. de Milton Camargo Mota. 2. ed. São Paulo: Edições Loyola, 2012.

CALÁBRIA, M. *Memórias*: de Corumbá a Berlim. São Paulo: Record, 2003.

CAMARGO, A.; ARAÚJO, J. H. P. de; SIMONSEN, M. H. *Oswaldo Aranha*: a estrela da revolução. São Paulo: Mandarim, 1996.

CORPAS, D. *Jagunço somos nós*: visões do Brasil na crítica de *Grande sertão: veredas*. Campinas: Mercado de Letras, 2015.

CUNHA, E. *Os sertões*. Ed. crít. de Walnice Nogueira Galvão. São Paulo: Editora Brasiliense, 1985.

FONTOURA, J. N. da. *Memórias*. 2 vols. São Paulo: Globo, 1963.

GALVÃO, W. N. *As formas do falso*. São Paulo: Editora Perspectiva, 1986.

_____. *Mínima mímica*: ensaios sobre Guimarães Rosa. São Paulo: Companhia das Letras, 2008

_____. *Euclidiana*: ensaios sobre Euclides da Cunha. São Paulo: Companhia das Letras, 2009.

GRAEBER, D. *Dívida* – os primeiros 5.000 anos. Trad. de Rogério Bettoni. São Paulo: Três Estrelas, 2016.

GARBUGLIO, J. C. *Rosa em 2 tempos*. São Paulo: Nankin Editorial, 2005.

GRAHAM, R. B. C. *Um místico brasileiro*. Trad. de Gênese Andrade e Marcela A. C. Silvestre. São Paulo: Sá; Editora Unesp, 2002.

GUIMARÃES, V. *Joãozito*: a infância de João Guimarães Rosa. São Paulo: Panda Books, 2006.

LEAL, V. N. *Coronelismo, enxada e voto*. 4. ed. São Paulo: Editora Alfa-Ômega, 1978.

LIMA, S. M. van D. (org.). *Ascendino Leite entrevista Guimarães Rosa*. João Pessoa: Editora Universitária, 1997.

LIMA, V. da R. *Getúlio*: uma história oral. Rio de Janeiro: Record, 1986.

LUKÁCS, G. *Teoria do romance*. Trad. de José Marcos Mariani de Macedo. São Paulo: Livraria Duas Cidades; Editora 34, 2000.

_____. *O romance histórico*. Trad. de Rubens Enderle. São Paulo: Boitempo Editorial, 2011.

NUNES, B. *A Rosa o que é de Rosa*: literatura e filosofia em Guimarães Rosa. Rio de Janeiro: Difel, 2013.

_____. *O dorso do tigre*. 2. ed. São Paulo: Editora Perspectiva, 1976.

RONCARI, L. *O Brasil de Rosa*: o amor e o poder. São Paulo: Editora Unesp, 2004.

_____. *O cão do sertão*: literatura e engajamento. São Paulo: Editora Unesp, 2007.

_____. *Buriti do Brasil e da Grécia*: patriarcalismo e dionisismo no sertão de Guimarães Rosa. São Paulo: Editora 34, 2013.

_____. Na fazenda dos Tucanos: entre o ser e o não-ser, o poder no meio. *Revista do Centro de Pesquisa e Formação*, n.1, nov. 2015, p.178-94. Disponível em: <https://www.sescsp.org.br/online/artigo/9770_LUIZ+RONCARI/tagcloud=lista>. Acesso em:13 de fev. 2018.

ROSA, J. G. *Grande sertão*: veredas. 3. ed. Rio de Janeiro: Livraria José Olympio Editora, 1963.

ROSA, V. G. *Relembramentos*: João Guimarães Rosa, meu pai. Rio de Janeiro: Editora Nova Fronteira, 1983.

ROUDINESCO, E. *Sigmund Freud*: na sua época e em nosso tempo. Trad. de André Telles. Rio de Janeiro: Jorge Zahar, 2016.

SAMPAIO, T. *O tupi na geografia nacional*. 5. ed. São Paulo: Companhia Editora Nacional, 1987.

SANTO AGOSTINHO. *Confissões*. Trad. de Maria Luiza Jardim Amarante. São Paulo: Paulus, 2014.

SCHWARZ, R. *A sereia e o desconfiado*. Rio de Janeiro: Editora Civilização Brasileira, 1965.

VARGAS, G. *Diários*. 2 v. São Paulo; Rio de Janeiro: Siciliano; Fundação Getúlio Vargas, 1995.

VERNANT, J. P. *L'Individu, la mort, l'amour*. Soi-même et l'autre en Grèce ancienne. Paris: Éditions Gallimard, 1989.

VIANNA, O. *Populações meridionais do Brasil*. 2 vols. Rio de Janeiro: Livraria José Olympio Editora, 1952.

VILHENA, G. M. e S. *Narrar é resistir*: impasses e entremeios em João Guimarães Rosa. São Paulo, 2017. Dissertação (Mestrado em Literatura Brasileira) – Faculdade de Filosofia, Letras e Ciências Humanas, Universidade de São Paulo.

SOBRE O LIVRO

Formato: 16 x 23 cm
Mancha: 28 x 50 paicas
Tipologia: Iowan Old Style 10/14
Papel: Offset 75 g/m^2 (miolo)
Cartão Supremo 250 g/m^2 (capa)
1ª edição Editora Unesp: 2018

EQUIPE DE REALIZAÇÃO

Coordenação Editorial
Marcos Keith Takahashi

Edição de texto
Tarcila Lucena
Guilherme Mazzafera e Silva Vilhena

Capa
Grão Editorial

Ilustração da capa
a partir de ilustração de Poty Lazzarotto,
matriz de xilogravura (reproduzida com
autorização de João Lazzarotto)

Editoração eletrônica
Sergio Gzeschnik

Impressão e Acabamento
assahi
gráfica e editora ltda.